# EUFRASIO, CAZADOR DE DESENGAÑOS E ILUSIONES

ExLibric

MANUEL LUNA NAVARRO

# EUFRASIO, CAZADOR DE DESENGAÑOS E ILUSIONES

EXLIBRIC
ANTEQUERA 2024

**EUFRASIO, CAZADOR DE DESENGAÑOS E ILUSIONES**
© Manuel Luna Navarro
© de la ilustración del interior: Antonio Gutiérrez Álvarez
Diseño de portada: Dpto. de Diseño Gráfico Exlibric

Iª edición

© ExLibric, 2024.

Editado por: ExLibric
c/ Cueva de Viera, 2, Local 3
Centro Negocios CADI
29200 Antequera (Málaga)
Teléfono: 952 70 60 04
Fax: 952 84 55 03
Correo electrónico: exlibric@exlibric.com
Internet: www.exlibric.com

ISBN: 978-84-10076-53-2
Depósito Legal: MA 29-2024

Impresión: PODiPrint
Impreso en Andalucía – España

Nota de la editorial: ExLibric pertenece a Innovación y Cualificación S. L.

MANUEL LUNA NAVARRO

# EUFRASIO, CAZADOR DE DESENGAÑOS E ILUSIONES

*A mis nietos, Alberto, Iker y Laura.*
*A mis hijas, Laura y Natalia,*
*que resultaron ser mejores madres de lo que yo pensaba.*
*Y a mi mujer, que no me leerá.*

# En aguardo de criterios

*Leer es «discutir» con el texto. Polemizar con él. Aseverar, negar.*
*Establecer hipótesis. Inferir ideas. Generar asociaciones. Proyectarnos.*
*En suma nutrir juiciosamente nuestro libre albedrío. Que libro, lector*
*y lectura se escriben con ele de libertad.*

Antonio Basanta, «Leer contra la nada»

En el transcurso de la dilatada vida de Eufrasio como lector, le sorprendía, al mismo tiempo que veneraba, la magnificencia de las primeras páginas de algunos libros. Es por ello por lo que lo primero que se le reflejaba en su intelecto eran los pensamientos de Lorenzo, protagonista de *Diario de un cazador*, tirador acérrimo donde los hubiera. A Frasi le gustaba recordar de vez en cuando la dedicación expresa que lleva esa cuartilla primera y la cita, junto a la dedicatoria del autor de la novela: «A esos cazadores digo, de buen corazón y mala lengua... va dedicado este libro».

Si bien se sentía plenamente identificado con las dos expresiones aludidas, recapacitaba que tal vez existían correligionarios de la caza que añadían ciertas controversias a lo que era no su afición favorita, sino la vocación de su vida: ser un cazador que, ocasionalmente se ve obligado a desenvolverse en las diferentes categorías cotidianas de las vivencias asiduas del ser humano. Que existía otra realidad de los que se denominaban camaradas o condiscípulos de la hermandad de San Eustaquio, de lo que era la subsistencia empírica e idealista de la vida de Eufrasio: la caza.

Para este algunos cofrades del Mártir y patrón de Tormentas y
Tempestades también estaban plagados de algún que otro corazón, de diferente condición a los que hace referencia D. Miguel.
Quería a veces destapar ciertas intenciones no lo debidamente
ortodoxas, eliminar algunos disfraces o camuflajes de cazadores
poco dignos de serlo, publicar a los cuatro vientos que a veces
la realidad de la caza es otra totalmente diferente. Sobre todo,
respecto a las personas que la practican y a los conceptos que
genéticamente el ser humano ha adquirido acerca de ella. Hasta
tal punto llegaba su empeño que se le hacía versátil aquel término
taurino, para que Dios le librara de los mansos que de los bravos
él mismo intentaría coger el olivo, es decir, liberarse, sacudirse
de ciertos cazadores, de palabras fantasmagóricas, pero con una
ética y una moral al menos dudosas. Estos, en cuanto pierden la
legitimidad de lo que supuesta y subjetivamente estiman sus jerarquías cinegéticas, se vuelven filiales de la tesis hobbesiana: *Homo
homini lupus.* Sin embargo, estos mismos se creen un Dios para sí
mismos. Respecto de la caza, como bien decía D. Miguel Delibes,
en la soledad del campo es cuando el ser humano se descubre
como la persona que realmente es, cuando nadie te ve y solo
los *ojos del campo* pueden enjuiciar su ética. Otro de los primeros
comienzos de libros que le encantaban era el del manuscrito de
Voltaire titulado *El hombre de los cuarenta escudos,* o el prólogo de
Gustavo Bueno a Alfonso Fernández Tresguerres en *Los dioses
olvidados.* Pero Eufrasio, al igual que el héroe de una de las tragedias de Sófocles, Filoctetes, observar y escuchar la llamada de la
creación terrenal, recibir el olor a tomillo, hinojo, o un amanecer
en la sierra; solo con esos acontecimientos le era suficiente. Frasi,
al verse incrustado y mimetizado en la propia naturaleza, esta le

proporcionaba la felicidad suficiente para afrontar su quehacer existencial. Pero, en fin, sobre los discípulos de Hobbes solo le quedaba el consuelo de que la naturaleza era sabia. Tal y como le dijeron a su compadre en un concurso de acreedores, cuando le comunicó al demandante de una considerable deuda, que no iba a cobrar nada, a lo cual, en vez de contestar con improperios, el beato acreedor se limitó a comentar: «El Señor lo habrá querido así». El propio ser humano puede ir cambiando su presente teniendo en cuenta su pasado y su futuro próximo, pero cambiar y liberar a ciertos zopencos de las cadenas y autosogas que les oprimen lo veía una tarea casi imposible.

A Eufrasio la lectura le abría nuevos horizontes. Se cercioraba de que a veces nos cegamos por un sentimiento de difícil comprensión, en el que se busca algo que no se puede explicar. El destino había querido que Eufrasio encontrara algo de claridad en una vereda de la cual no se esperaba en absoluto llegar a ese concreto descubrimiento, lo que podía ser el verdadero eidos o esencia de la caza. Este aspecto citado y las sugerencias delicadas de sus escopetas le arrojaron a la ardua tarea de intentar unir algunos signos de los juegos del lenguaje no escritos para despejar algunas incógnitas. Podría ser que la caza mantiene ocultas, sin que ciertos tipos de cazadores y los no practicantes de la Orden de San Eustaquio y de la sociedad concretamente, conceptos y cualificaciones que no logren entender. Una sociedad que, inmersa en las garras algodonadas de la industria cultural, y respaldada por una pugna democrática ahumada de legitimidad política, de pactos, de mayorías sociales, o mejor dicho, de una amalgama de políticos que dicen representar la democracia realmente existente, pero alejada de los fundamentos esenciales que la deben componer. Con sus interpretaciones constitucionales y democráticas nos enarbolan una sociedad libre como bandera, pero que carece real y absolutamente de la mismísima liberación del ser humano. Por esa misma razón, Frasi se preguntaba para qué nos sirve esa pregonada libertad si no tenemos libertad de pensamiento ni de elección; es decir, no tenemos la capacidad de pensar libremente, no con la libertad, que supuestamente puede existir o no, sino la que pensemos nosotros mismos, sin adoctrinamientos educacionales, que no son nada más que una pura instrucción, como hubiese dicho el profesor Bolardo, o la «libertad banderiza» como predijo en su momento Philip Pettit, que busca el encauzamiento de la sociedad en su grado más precario. Ya el visionario Voltaire casi trescientos años atrás preconizó lo difícil que es liberar a los necios de las cadenas que veneran.

Eufrasio, como no pretendía caer en una filosofía de saldo y vulgar, prefería ajustarse la canana y adentrarse en sus recuerdos. Prefería ir hacia una declaración veraz y circunstanciada de cualquiera de las múltiples temporadas cinegéticas que había experimentado en primera persona. Recordar los fenómenos percibidos y los acontecidos, que siendo los mismos no son iguales, los primeros pudieran ser una parte del todo, una lucha entre su yo y el mundo que le rodea. Frasi percibía que, por el solo hecho de decir «temporada cinegética», ya se establecía algo de distancia en cierta forma, de una de las opiniones latente y mayoritaria, que le pretenden otorgar a la caza, algo así como la expresión «ahí queda eso». Eufrasio discrepaba y estimaba que no eran más que criterios y categorías de la caza, una cultura venatoria que venía originando un cúmulo de múltiples opiniones y conceptos para la misma definición. Recientemente nuestro protagonista había ojeado un libro, editado al efecto, en el cual se aceptan varios de los principios que el citado escrito enumeraba una y otra vez, pero sin convencimiento alguno según nuestro protagonista. Se trataba de un texto en el que se detallaban las opiniones de varios autores, entre ellos algunos técnicos, representantes de administraciones y responsables de asociaciones. Diversas, convergentes y valiosísimas personalidades que tienen que guardar ciertas formas para seguir defendiendo con sus postulados criterios afines a sus puestos en la sociedad y decantarse sobre los objetivos pertinentes, para continuar disfrutando de las asignaciones cuantitativas correspondientes, no por sus esfuerzos físicos y mentales, sino, como decía Pío Baroja en *El árbol de la ciencia,* en España no se paga el trabajo, sino la sumisión, a pesar de que la libertad libre de dominio sea muy difícil de encontrar.

Respecto de las opiniones y definiciones valoradas y expuestas en el texto, en todas ellas estimaba Eufrasio que de forma elocuente y pertinaz intentan nombrar solamente cada una de las categorías de la cuestión en concreto: la caza. Pero, bajo su neófita perspectiva, montaraz y doxástica, se abordaban temas que no eran nada más allá que lo referido anteriormente, categorías de lo que era no la pasión de su vida, sino su propio existencialismo, un cazador que ocasionalmente había tenido que trabajar para el sustento pertinente y ciertas comodidades que compartía felizmente con su familia. Una felicidad buscada y lograda, pero que tantas veces había tenido que elegir ante otros deleites también demandados de su existencia. Esa elección que Adonis no dudaba en compartir cuando abandonaba temporalmente a su amada Venus. A veces, cuando Eufrasio se debatía en su duermevela con Morfeo, no dudaba en recordar el mito de ambos amantes. Le resultaba al menos curioso que en la historia del ser humano se repitiesen las mismas escenas en el tiempo, elecciones que los seres vivientes han de realizar una y otra vez en el transcurso de los siglos de su existencia. La mitología se repite en nuestra historia y saber de la misma es algo imprescindible para su evolución, ya que ¿que sería del hombre sin su historia? Si los hombres habían llegado a algunas conclusiones y actuaban con ciertos privilegios con respecto a otros seres y, con una especie de plataforma o vida organizada con los diferentes criterios actuales, era precisamente por la cantidad de veces que había protagonizado en primera persona aquello de ensayo/error, y lo que nos queda es el producto de la evolución de los seres humanos en el tiempo, su historia.

Queramos o no, el hombre, pensaba Eufrasio, había llegado a la actualidad con una historia que le precedía ineludiblemente. Con independencia de su interpretación, la misma no se podía cambiar, todo lo más modificar el análisis hecho al respecto. Una interpretación que no eran pocos los que intentaban cambiar y eliminar. Precisamente, esa historia era la que algunos pretendían eliminar. Partían desde unas meditaciones incompletas, pues lo hacían desde momentos creados al efecto. Así, cuando pretenden enseñar la historia de nuestros antepasados, la inician desde ciertos momentos que no son los orígenes primigenios. Por ejemplo, recordaba Eufrasio, una vez cuando asistió a una representación del hombre prehistórico, para enseñar a los infantes sus ascendentes partían del momento en que el hombre era agricultor y ganadero, no cuando era cazador y recolector. También recordaba algunas portadas en los periódicos, con informaciones tergiversadas, especialmente cuando venían del otro lado del Atlántico, «los seres humanos tenían sus orígenes como carroñeros», para evitar de ese modo la vinculación histórica del ser humano como cazador, tesis que el profesor Domínguez Rodrigo se encargó de desvanecer con sus hallazgos en la Garganta de Olduvai, en Tanzania.

Volviendo a las meditaciones de Eufrasio sobre las cuestiones planteadas en los textos desarrollados en la edición que intentaba plantear el futuro de la caza para el siglo XXI. Eufrasio, que era devoto de las dos chifladuras más grandes que pueden concurrir en un hombre, la lectura y la caza de la perdiz con reclamo, dos cosas en las que se pierde el tiempo y el dinero. Inmiscuido en los párrafos de la edición que había devorado sobre las premisas planteadas para sus grandes aficiones, se intentaba definir o argumentar el futuro que nos espera a los fervorosos de san Eustaquio. Si bien estimaba oportuno que en el mismo se abogan temas que son esenciales y necesarios, pero que no son suficientes, sobre todo para tener una visión que se aproxime a su completud, esencialmente cuando se habla de la eticidad de la caza, de la moral de la caza, de los efectos científicos y las consecuencias biológicas, de los contextos jurídicos, normativos, etc. En esos momentos estimaba Frasi que se podría observar que, si estimamos la caza como ciencia para su estudio, estaríamos ante situaciones y actuaciones esencialmente de tipo formalista, que serían los temas jurídicos y normativos para observar y procurar por los practicantes.

Otra de las definiciones que se hacen referencia es la de tipo descripcionista, para las interpretaciones acerca de las medidas para tener en cuenta para la conservación de las distintas especies que son objeto de captura. Y como es de rigor para el mantenimiento de ese equilibrio inexcusable y necesario, entre la adquisición de piezas para un complemento de proteínas para la especie humana, aportada por las distintas especies de nuestro entorno, cercano a veces y en el horizonte que trasciende a nuestra vista en otras, estaríamos refiriéndonos en concreto a una visión adecuacionista para la conservación de las distintas y potenciales especies cinegéticas.

Pero, para cada una de las circunstancias que Eufrasio hacía referencia, estimaba necesariamente algo más preciso y concreto, algo así como un cierre categorial, es decir, que se complementen y concluyan las mismas de forma circular y no lineal, como ocurre en los estudios que en el manuscrito sobre *La caza en el siglo XXI* se definen con acertados y evidentes buenos criterios.

Para ello, Eufrasio estimaba necesarios añadir a las predicciones expuestas varias argumentaciones, que se deben incorporar para poder realizar el referido cierre categorial de lo que sería la mismidad de la caza. Al mismo tiempo, podría contribuir que, con el citado cierre categorial, proceder a la unificación, por una parte, de lo que sería la unión entre cierre/ciencia y filosofía, una especie de razón vital que mezcle en combinaciones aleatorias el empirismo de nuestras actuaciones físicas y aquello que se encuentra más allá de nuestras actuaciones, y que la fusión de ambas desemboquen en la caza misma como elemento invariable e inamovible. Lo que Ortega bautizó como «la mismidad de la caza», la esencia y núcleo de esta, observando que las demás acepciones que hemos nombrado solo hacen recorrer su superficialidad, nunca una experiencia en primera persona como el fenómeno que le acontece al cazador.

Una vez que Eufrasio había mencionado todo lo anterior, echaba en falta lo que podría ser un nuevo acontecimiento inesperado, la estética de la caza, como algo metafísico, añadiendo además ese camuflado espíritu absoluto que se pudiera derivar de la confusionista economía de la caza, es decir, el dinero. Aquello que Aristóteles definía como la compensación de algo en su justa medida, sin dejar de resaltar las alusiones a la hegemonía o jerarquías cinegéticas antes aludidas, mediante la cual incluimos una de las depredaciones más aterradoras de nuestra sociedad actual cinegética, de los discípulos del autor del *Leviatán*. El hombre verdaderamente es un depredador para el hombre, y una deidad para su propia persona. Esto da lugar a veces a que, en ciertos casos, algunos personajes quijotescos sean proclives a promover la adoración pertinente de su propio ser. Todo esto lo intentaba expresar Eufrasio, sin que se agotaran por supuesto otras categorías expresivas que se puedan dar en la caza, aunque todo cayera en saco roto. Sobre todo, no caer en las cuantificaciones de esta y supeditarse en todo lo posible a las cualificaciones de la Orden de San Eustaquio.

# Cuando se caza la nada

*9 de octubre de 2020*

Eufrasio, en su duermevela previo al primer día de la tan deseada temporada cinegética, en la que no sabe uno si está durmiendo o dormido, pudo descansar notablemente, imprescindible para poder tener éxito en la culminación y contemplación de los lances pretendidos. Con anterioridad, en el preámbulo previo a la temporada, se había impregnado de razones para desarrollar la actividad con suficiente relajación y así poder reportarse debidamente en los lances, como comentaba D. Miguel ante las perdices. Según el maestro, nadie abate una perdiz a sangre fría, por la sencilla razón de que ellas, las patirrojas, solo con su presencia se encargan de alterar la temperatura de nuestro organismo lo suficiente. La percepción de estas modifica nuestro carácter, anunciándonos el objetivo que se procura.

Eufrasio, una vez superada la incertidumbre de pensar en los excelentes lances que le podrían brindar las gallináceas en la víspera, entendiendo esta como una situación superior a las fiestas que, según aludía Juangualberto en *La caza de la perdiz roja*, las vísperas siempre han sido mejor que las fiestas. Las condiciones de posibilidad serán siempre superiores a los hechos que concurran en ese preciso primer día de caza de la temporada.

Superados los preparativos de rigor que habían tenido lugar durante la noche anterior, solo quedaba unir a los pertrechos que utilizaba para la caza, la escopeta y los perros. Con cierta antelación de la hora prefijada, nuestro protagonista, ya esperaba impaciente al compañero de tránsito hacia el acotado, y que gozaba de la peculiar característica de ser un clásico remolón mañanero. Una vez superado los trámites costumbristas del citado desayuno del ventorrillo inoportuno, en el que se comienzan a contar batallitas múltiples, tras los saludos de rigor, llegaban a Tierra Santa, como decía su compañero Mario cuando llegaban al coto para cazar el reclamo.

Reunida la partida, Juan María, Óscar, Félix y su hijo Félix Jr., Elías y Federico, este último el autoproclamado capitán de cuerda dirigió unilateralmente la estrategia de la cuadrilla que, como buen discípulo de Hobbes, designó las posiciones de los componentes. Dividió al grupo en dos manos al encuentro, para lograr reunir en el centro las posibles piezas objeto de captura. A modo de «puro lógico que somos» —así lo dijo Voltaire— diseñó la mano para adscribirse a la zona más querenciosa de las perdices, culminando con éxito sus pretensiones. Así transcurrió el día, con captura de piezas para algunos y, otros se fueron de bolo. A la mano que se orientó por el lado izquierdo, se le presentaba un extenso olivar por delante que desembocaba en un llano algo elevado. Las perdices se arrancaban de los olivos, pero se tapaban al instante con las tupidas ramas de los típicos olivares de molino. La mayoría casi no las veían los cazadores, solo escuchaban el ruido de su estrepitoso vuelo. Los que se orientaron en la margen de los correligionarios ubicados al hilo de Edmund Burke pues, según Yuval Levin *En el gran debate*, le atribuye como precursor de la derecha, Quico, Félix y Félix Jr., se beneficiaron al menos de algunos lances productivos en la primera mano, al que se le unió

Óscar, que desertó de los seguidores del nulo. Empero algunos no contaban con el tótem prehistórico, ese espíritu metafísico que sirve de guía protegiendo a los mortales de otros mortales.

Nuestro protagonista, neófito en las ardides del terreno que se batía, se anotó en la lista de los seguidores del nulo, de los discípulos orientativos de Thomas Paine, al que Levin le procura como el gran promotor de la izquierda, en paralelo con Juan María, Óscar y Elías. Ese día no hubo suerte, las condiciones de posibilidad de la víspera se fueron esfumando hasta lograr su aproximación al cero. El balance de la jornada se concretaba con algunas perdices deliberianas en las quimbambas, añadiendo además la pérdida temporal del perro. Al que se le suponía que, tras la carrera de una liebre en el olivar, el animal se despistó y Eufrasio en su denostada búsqueda perdió un tiempo determinante, para venirse de vacío y pagar la novatada pertinente del cambio a un nuevo vedado. Pero Eufrasio, que era de esos cuya motivación por los lances de caza crecían con los desengaños, se solía reponer pronto de las circunstancias adversas. Al más estilo orteguiano, si no salvaba esas circunstancias infortunadas, no se libraría de su aciago resultado cinegético.

# Cazando el todo y la nada

*10 de octubre de 2020*

Aquella mañana Eufrasio y algún resto de la cuadrilla habitual, había cambiado de cazadero. El viento de levante comenzaba su amenaza. El sur de la posición de aquella campiña andaluza hacía notar su idiosincrasia meteorológica. Las Cumbres, así se llamaba el pago donde estaba situado el nuevo acotado, tenía un perfil orográfico distinto, más ondulado y con unas crestas a veces rocosas. Todo esto hacía que el paso del tiempo hubiese socavado una serie de gavias y pequeñas cárcavas llenas de pastizales y algunos arbustos. Abundaban los pinos majoletos, las adelfas y los tarajes. En las crestas algunos acebuches, lentiscos, aulagas y algunas laderas de tomillo. Sin embargo, los métodos agrícolas que desarrollaban dueños y pelantrines mantenían la superficie sin desfondar. Ocasionaba por tanto un lugar con un terruño raso y anodino, que impedía prácticamente la mimetización de la avifauna.

La táctica que había que emplear para poder abatir alguna que otra perdiz era simple y llanamente diferente. Tocaba al principio de las jornadas en batir todos los montículos por medio de las hazas para esturrear los pájaros que se ampararían en las cárcavas y ribazos. En las aurorales horas del día, menos Juan María que no había podido eludir un viaje familiar, Óscar, Federico y Eufrasio formaban la terna. Los dos primeros habían cazado ya en aquel acotado, por tanto conocían las querencias y los desplazamientos de las perdices. Salieron en mano formando un semicírculo para que los pájaros no se salieran por los laterales y poderlos al mismo tiempo empujar hacia unas cárcavas y lindazos que había a unos ochocientos pasos de la linde. La táctica que empleaba la cuadrilla era la de patear a la mano hasta esos accidentes del terreno; una vez allí se rompían filas, cada uno se las aviaba como pudiera a partir de esos momentos. En esa primera deambulación, los perros salían muy fogosos, demasiada velocidad imprimía en sus énfasis venatorios cada uno de ellos. Las perdices se desplazaban e iban de careo alimentándose en medio de los llanos. Desde sus prominentes atalayas podían observar todos los movimientos de sus aspirantes depredadores, tanto humanos y cánidos como de las alimañas que pretendían acecharlas.

Federico se desplazaba en uno de los extremos de la cuerda, mientras que Óscar y Eufrasio pateaban el centro de esta. Al llegar a la última linde, el trío formaba un arco a derecha e izquierda con un prominente cervigón delante. Quico y Óscar se desplazaron hacia el oeste por la misma linde y Eufrasio giró hacia el lado contrario para llegar hasta al límite del coto. Frasi anduvo unos doscientos pasos y se dirigió hacia una pequeña cárcava que acababan de bordear en su vértice con el cervigón Óscar y Quico. Eufrasio se fue desplazando, circundando la vaguada. Sorteando algunos cardos secos que conformaban el accidente geográfico. Koran, el perro de Frasi, se adentró en la enmarañada y seca vegetación. En cuanto el perro de Eufrasio trasteó el fondo de la cárcava, se arrancaron tres perdices justo en el lado opuesto que estaba Frasi. Este, sorprendido por el alboroto que formaron en su huida, le cogieron la ventaja e hizo detonar su paralela, sin resultado positivo alguno. Su posición ante la gavia, que era de una anchura considerable, y dado que, si seguía por la misma trayectoria que traía, iría cazando detrás de sus dos compañeros que se le habían anticipado tal vez por el lado más querencioso, hizo que Frasi se dirigiera en dirección opuesta y bordear la pequeña cárcava que tenía ante sus pies.

Las inclinaciones le pesaban mucho a Eufrasio y el rodeo que pretendía dar requería un esfuerzo considerable, no obstante lo intentaría. A paso lento pero decidido fue superando cuesta arriba el contorno de la vaguada. Koran se desplazaba por delante sin trastear el fondo del barranquillo, que por algunos sitios tenía un corte vertical. El perro, en cuanto la pendiente lo permitía, se metía hasta el fondo del pequeño cauce que habían formado las aguas.

Este trozo de gavia confluía en otra de mayores dimensiones que Óscar iba cazando con su perra. Federico se había salido a la tierra calma para ir girando y volver de nuevo al cerro que con anterioridad habían traído en mano. Ambos habían visto que al fondo del barranquillo que formaban las gavias un bando con ocho o nueve perdices se habían salido y apeonado por los terrones hacia arriba. Eufrasio, retrasado por la vuelta que había tenido que dar, comenzó a bajar la ladera por el mismo borde de la cárcava. El perro, que iba cazando por el forraje, trasteaba bien por los recovecos que había hecho el agua. Sin llegar a quedarse de muestra, una perdiz rastrera en el mismo borde de la declinación le saltó delante a unos veinte metros de distancia. Frasi, aunque se precipitó en el tiro, acertó en el objetivo derribando la pieza que quedó alicortada. Koran, en cuanto vio el encare de Eufrasio, se había subido por la costera que culminaba el socavón. Este, que tenía muy buenos pies, tras recorrer unos cincuenta metros detrás de la patirroja, cobró la pieza y la entregó a su amo.

Cuando llegó Eufrasio hasta la parte de abajo del barranco, unos álamos secos salteados se esparcían por entre algunas matas de zarza y el pastizal. Sorteó como pudo las interferencias de la hoya y se dispuso a seguir la mano. Federico y Óscar ya subían por la ladera batiendo el haza, que estaba rala y con pequeños surcos casi imperceptibles. El objetivo era subir de nuevo a la meseta existente que partía desde el camino y culminaba en los cerros. Cuando llegaron al vértice entre el camino y la linde, se pararon para darles agua a los perros. Eufrasio estaba terminando de subir la cuesta a media ladera, casi exhausto; las pendientes no eran lo suyo, sobre todo cuando tenía que seguir un ritmo impuesto por otros compañeros. Cuando coronó la costana, se paró un momento para que bebiera su perro también en el bebedero. Óscar y Federico le reprobaron su lentitud y al instante salieron ya cazando por el rellano. Eufrasio se fue incorporando a la mano, pero algo más retrasado.

Federico, que había salido cazando en paralelo al camino, no tardó en dar con las perdices que se le arrancaron esturreadas tres o cuatro hacia adelante y en la misma dirección que llevaban los perdigueros, aunque las tiró, no se quedó con ninguna. Óscar, que se había distanciado un poco de su compañero del alma, no pudo tirar por encontrarse a una distancia muy considerable. Eufrasio intentaba seguir el ritmo, pero sus piernas no daban para más y decidió seguir con su regularidad de marcha. El perro de Federico, que llevaba la punta de la mano, no tardó en quedarse de muestra. Un pájaro fuera de su querencia se le arrancó con tanta fuerza que al instante se repinó y cogió una altura fuera de lo común. Tanto

Federico como Óscar intentaron abatirlo de sendos disparos, pero no acertaron en sus aspiraciones. Eufrasio, retrasado, observaba en la distancia el lance. El pájaro se fue poco a poco poniendo en la línea de tiro de Frasi hasta venírsele encima de su escopeta. Hizo hablar el caño de su compañera y no pudo quedarse con la gallinácea. Se giró levemente porque había perdido la verticalidad con la pieza y se dispuso con prontitud a efectuar un segundo disparo. Casi cuando perdió la visión del pájaro apretó nuevamente el gatillo y, a pesar de la altura del pájaro, se hizo un trapo en el aire. Tuvo que volver atrás con el perro, pues con la altura y la velocidad que traía el ave más el tiro ya pasado, el pelotazo lo realizó a una distancia de unos treinta metros atrás. Eufrasio tuvo que retroceder sobre la línea de la mano para efectuar con su perro el cobro de la pieza. Acto seguido se dispuso a proseguir la marcha. Absorbida su mente con el lance, se percató de que Óscar y Federico habían desaparecido de su vista. Frasi continuó extirpando terrones y al poco tiempo escuchó varias detonaciones de sus compañeros. Prosiguió la marcha y entendió que todo aquel terreno lo habían andado ya Óscar y Federico. La cumbre del cerro que traía cazando se terminaba y comenzaba una bajada de la orografía. En la distancia vio cómo Óscar estaba terminando de cazar una gavia que se bifurcaba en forma de Y. Por el lado derecho la trasteaba con su perra y nuevamente volvió a disparar a las perdices. Federico pateaba el lado izquierdo de la depresión y levantó otro pájaro abatiéndolo. Entonces comprendió Eufrasio las prisas que se dieron para perderlo de vista y cazar aquella gavia, que era muy querenciosa para las perdices.

Eufrasio se sintió desplazado y abandonado a su suerte por aquellos aparentes linajudos, que solo echaban mano de este para completar el aforo de algunos cotos. No todos los cazadores del pueblo, incluido algunos amigos suyos, se rascaban el bolsillo a la hora de pagar. Eufrasio, que era consciente de todo esto, no se veía afectado lo más mínimo. Ocurría justo lo contrario de lo que podrían esperar aquellos simples compañeros cinegéticos. Eso era lo que Eufrasio prefería, cazar en solitario, sin coro ni palmeros.

Cuando terminaron de cazar la amplia gavia, se dispusieron en un cervigón para emprender ambos la mano y darle un repaso a unos llanos que daban a otra de las lindes del acotado. Eufrasio no quería seguir andando detrás de lo cazado por sus correligionarios cazadores, se desvió por el borde de la gavia ya cazada y se dirigió hacia otro lindazo que dividía un haza de rastrojo de trigo con otra que se encontraba ya sin cubierta vegetal. Pequeños terraplenes formaban aquel lindazo con alturas de hasta dos e incluso tres metros de desnivel, cubierto por pasto seco y los nuevos brotes de hierba que la rala otoñada iba dejándose paso. Eufrasio perdió por unos instantes la ilusión de nuevos lances. El terreno que iba cazando se le antojaba poco propicio para que las perdices pudieran amonarse en el mismo. Frasi se desplazaba por la cima y su perro trasteaba la vegetación de la linde con sus pequeñas hondonadas formadas por la fuerza del agua cuando esta era muy fuerte y abundante. En una leve vaguada donde la linde se hacía más agreste, Koran se puso algo nervioso y excitado. Dos perdices se arrancaron casi de sus fauces, Eufrasio, que iba por arriba, dominaba su vuelo con claridad. Presto se encaró el arma y la primera rodó por unos brotes de hierba que había crecido en medio del raso como consecuencia de algún agua que manaba. La otra también rodó tras el segundo disparo de Eufrasio algo más distante. El perro apenas pudo ver la caída porque estaba cobrando la primera. Alentado por su amo para el segundo cobro, Koran se dirigió hacia las indicaciones de este y, tras algunas vueltas donde le parecía a Frasi que había pegado el pelotazo, el perro se quedó de muestra en uno de los surcos. Efectivamente, allí estaba el segundo pájaro abatido.

Eufrasio dio por terminada la jornada, esencialmente por el cansancio acumulado. Aún tenía que subir un cerro para poder contemplar la visual del coche que estaba todavía a media legua. Cuando Frasi terminó de coronar el collado, vio que Óscar y Federico surcaban las hazas de abajo, también en dirección a los coches. Eufrasio solo veía tierra calma delante suya. Siguió en su deambular, lento por el cansancio, y se distraía solo viendo cazar a su perro, que no acusaba ni lo más mínimo las cinco horas que llevaba cazando. Tapada por una pequeña elevación se le apareció a Frasi una larga gavia, algo estrecha, de apenas un metro de ancho y por algunos sitios dos, poco propicia para que las perdices se ampararan en su rala espesura; solo una pequeña mata de tamojo adornaba su serpenteante silueta. Frasi se disponía a unirse en paralelo al pequeño accidente geográfico cuando, a unos veinte metros del perro y al principio de la gavia, se salió un pájaro de esta, apeonando en primer lugar para emprender un raudo vuelo derecho a la linde con el otro acotado, pasando por delante de Óscar y de Federico, pero a una larga distancia, fuera de tiro. Eufrasio no hizo ni intención de apuntar el pájaro. La distancia en principio era *de facto* unos sesenta metros y para cuando disparara la perdiz estaría a unos setenta y cinco u ochenta metros. No merecía la pena gastar munición en vano, para como mucho plomear un pájaro que no se quedaría en el tiro. Continuó el descenso por la gavia, unas veces a la derecha y otras a la izquierda de esta. El perro, tras el cansancio acumulado, parecía haberse repuesto un poco, tal vez por las emanaciones que percibía. A pocos metros otro pájaro solitario se le arrancó a Eufrasio, justo al lado contrario por el que se desplazaba. Solo el estrepitoso sonido de su vuelo al salir volando había delatado su presencia ante el aturdido cazador. Posiblemente un gran macho de perdiz era el artífice del escándalo que alteró la paz y la tranquilidad del cazador. El cansancio y la satisfacción, las endorfinas y la película grabada en su mente de los lances visualizados, le habían provocado lo que los griegos denominaban ataraxia. Cuando pudo ver el vuelo de aquel pájaro estaba totalmente fuera de tiro, se perdía entre el cercano horizonte ondulado formado por una elevación del terreno que Eufrasio tenía a su izquierda. El descenso se atenuaba y estaba llegando al final de la serpenteante gavia. El único brote de tamarisco se mostraba esbelto ante el forraje de la anodina gavia, proporcionando una pequeña y única sombra dada las horas del día que nuestro cazador llevaba. Eufrasio había seguido por el mismo lado de la gavia, a pesar de que el último pájaro en arrancarse lo había hecho en dirección opuesta. Koran andaba picado con las emanaciones que supuestamente había dejado el macho de perdiz en sus desplazamientos por el seco cauce del agua. Este se quedó de muestra y Eufrasio supuso que era el caliente del pájaro que había logrado ya huir ante el acoso del cazador de escopeta y perro. Frasi siguió su andadura, a pesar de que Koran seguía guiando en corto y parándose. Un nuevo pájaro rompió el silencio de la campiña sureña, casi debajo del pequeño taraje. La perdiz que se resguardaba en su sombra inició su estrepitosa voladura, dispuesta a cruzar los llanos del perdedero. Eufrasio no pudo refrenar su instinto venatorio. Su mente se le revelaba ante el nuevo hurto que le haría a la naturaleza, pero su corazón le instigó a realizar un nuevo disparo. La perdiz rodó por los suelos calizos que el arado había dejado al descubierto. El perro cobró la pieza y fue a sombrearse al tamarisco, precisamente donde este impedía que los rayos del sol tocaran el lecho seco de las correntías del agua. Eufrasio tuvo que arrimarse a la gavia y coger el pájaro del suelo, allí lo había dejado su perro tras haberse tendido jadeante en la sombra. No le perdía la mirada a su dueño, entre otras cosas para que supiera interpretar la misma, en la cual le decía que la jornada había que darla por terminada. Eufrasio cogió rápidamente el testigo de la ojeada de su compañero. Las cinco horas intensas subiendo y bajando cerros, las travesías de gavias y el sol abrasador ya habían hecho mella en sus ilusiones. Además, se le vino la opinión de D. Miguel Delibes respecto de la cuantificación de los resultados en las jornadas venatorias. La máxima era que no se debería abatir más allá de cuatro o cinco piezas, para acordarse después con todo lujo de detalles de cómo habían sido los lances. Eufrasio estaba en el límite. Continuó pateando las postrimerías de la gavia sin pretensiones de seguir cazando. Se enderezó en dirección a los restos de un pequeño caserío medio derribado por el paso del tiempo y en sus postrimerías se encontraban los coches. Frasi con parsimonia fue recogiendo velas y, tras darle de beber a su perro Koran, también tomó un poco de agua. Óscar y Federico llegaron al lugar y rápidamente, tras darle de beber a sus perros, se apresuraron a montar una mesita portátil para tomar un taco campero, plasmado del típico modernismo de las prisas, en este caso un sustento improvisado extraído de las estanterías de alguna gran superficie alimenticia. Los botellines de cerveza explosionaron el oxígeno acumulado y el loncheado de chorizo hizo su aparición en la meseta del velador. Nuevamente el teatro de la cordialidad conjugada con la falsedad social al uso hizo su aparición en el escenario del comportamiento humano. Ambos le ofrecieron viandas y bebida a Frasi, que justificó su negativa aludiendo premura por mor de un almuerzo familiar. Los dos compañeros de Frasi no comentaron nada acerca de las piezas abatidas, muy probablemente por temor al descenso ante Eufrasio en el escalafón de la hegemonía cinegética. Los lunes en las reuniones habituales de barra, propicias para desarrollar con plenitud la *cultura de la Cruzcampo*, ambos comensales echaban imaginariamente dos o tres piezas más cada uno al zurrón y asunto concluido. A ver quién los bajaba de sus peldaños ficticios de la escalera de la vanidad. Como el pescador del róbalo de doscientos kilos cuando le dijo su compañero: «Compadre, ¿por qué no le quitas algunos kilos al pescadito?, y su camarada del alma le contestó: «Hasta que tú no apagues el farol encendido que has sacado del bergantín hundido no le quito ni un gramo». El papel y los juegos del lenguaje lo aguantan todo, el problema viene cuando hay que conjugar el sentido de las palabras con la referencia sensible de la realidad. Eufrasio se marchó para casa en su sentimental estado ataráxico. Le ocurría en esos momentos lo que pregonaba la letrilla de la canción popular que tan sabiamente el tío Juanelo canturreaba.

Al mismo tiempo, este sentía la coplilla en lo más profundo de su ser. El célebre cartero, tras su incidente con el cacique del pueblo, de no poder eludir que este se apoderara de su reclamo, al más rancio, repugnante e inhumano estilo del *ius primae noctis*. Cada grafema cantado se le atragantaba al mismo tiempo que se deleitaba cuando entonaba la cantilena: «Al mismo rey del moro me puedo yo *compará*, que lo tenía *to* y no tengo *na*». Eufrasio intentaba conjugar en su mente los dos estados, el todo y la nada. Tenía todo lo que había deseado y su existencia le conducía tal vez a un estado probablemente irreal como la nada. Aun así era feliz con esos debates internos que le proporcionaban la zambullida en un mar repleto siempre de dudas.

# Cuando el campo modifica los constructos humanos

*12 de octubre de 2020*

Superados los preparativos de rigor, Eufrasio emprendió nuevamente la salida para el coto. Situados en los aledaños del acotado, silencio entre los compañeros y cambio de besana que, unido a los comentarios de algunos correligionarios que ya habían cazado en el citado terreno, la jornada parecía que iba a ser más fructífera en lances que la anterior. La propiedad había mandado quemar el forraje de un par de arroyos, siendo el paisaje percibido por la cuadrilla algo desolador, pues faltaba el refugio que como todos sabemos tienen las perdices tras varias horas de andadura por las besanas.

Una vez terminada la primera mano, decepción entre la cuerda. El balance no era próspero. Apenas se había disparado y el balance entre los asistentes escaso, solo uno de ellos logró abatir una pieza. Previamente, en la salida de la primera mano, el *enterao* de turno, de sobaquillo se marcha solo hacia la parte del coto en que la densidad de pájaros era más alta que en el resto del acotado. La excusa aportada ciertamente estaba plagada de una vergonzante y triste subjetiva razón, pues el perro que le asistiría pertenecía a otro de los componentes de la terna, un razonamiento plagado de una intencionalidad egoísta y maligna porque, entre otras cosas, no se dirigió hacia cualquier parte del terreno del coto donde la densidad de especies objeto de caza era más precaria, y al mismo tiempo con la orografía menos propicia para poder realizar lances efectivos, dado la falta de elementos propicios para que los pájaros detuvieran su marcha y poder reducir la distancia de los disparos. Es decir, que *se coló en lo lleno*, como se denomina en la jerigonza cinegética. Pero como el susodicho *enterao* era afín a la supuesta terna dirigente, resulta que el caso se reconoce hasta gracioso, o como mucho se traduce como un simple déficit de la jornada caza.

En el lance que nos ocupa —y nunca mejor dicho lo de lance—, ocurre como con la democracia, que tantos bípedos implumes en un principio la sacralizan, y cuando, tras el desencanto popular, se investigan y se descubren sus carencias, se arrojan rápidamente a la adjetivación del sustantivo. Se sigue resacralizando la misma y las terribles a veces deficiencias de una posible egocracia democrática. Se vuelven por tanto solo déficits democráticos, y para los ingenuos y colonizados seguidores democráticos resulta mucho menos grave, las a veces enormes carencias de la democracia realmente existente. Frasi echaba de menos a veces una democracia algo más fundamentalista, que siguiera algo más el rigor textual de su definición.

En la cuadrilla que se había formado esa temporada, de singular composición, una de sus estrategias principales era la dispersión tras la primera mano. Aquello que se decía en mi colegio, «gallina el último», y desaparecían para buscar los lugares más querenciosos de las patirrojas. La ausencia de compañerismo era el canon establecido. Pero Eufrasio, inmunizado por los miles de *vacunas* que el tiempo le había pertrechado, siguió su mano, no por ello invadida en su dirección por otros de la caterva venatoria. Dispuesto a partir con el arroyo a su espalda y los terrones a sus pies, en su cercano horizonte, el compañero accidental de la derecha dispara para cortar el vuelo de un pájaro que había levantado su sobrino. Una vez fallado en sus dos intentos, Eufrasio abate la pieza por detrás a una distancia considerable. Elías, el autor de los dos disparos, tras haberle pasado la pieza por encima, al volver su vista atrás ve cómo pierde altura y piensa que ha herido el ave, y que Eufrasio la había rematado en su descendencia hacia el suelo. Cruza el arroyo y se dirige hacia donde estimaba que habría caído la pieza, siendo infructuosa y leve su búsqueda, pues lo intentó en una zona que no era en la que había besado el suelo el animal, sobre todo porque buscaba en una distancia que no correspondía a la descarga realizada.

El pájaro que Eufrasio había tirado muy largo, pero estaba totalmente seguro de que había sido abatido cayendo como una pelota y que el taraje del arroyo le impidió ver la caída. Se dirigió hacia el lugar aproximado con su perro, pero, tras una intensa búsqueda con Juan María, casi la dan por perdida. Eufrasio con su tesón siguió rastreando la zona y se aleja cada vez más de la zona estimada por Juan María, que se había unido a Elías en el registro. Al poco depusieron su actitud de indagación y se marcharon para no perder la mano. Koran, el perro de Eufrasio, con una parada electrizante, detectó los efluvios de la pieza abatida con la consiguiente acción de muestra y cobro. Fue el proceso previo a la consecución del lance. Eran no obstante los principios de la temporada. Mientras tanto Elías seguía en una pertinaz pero infundada tesis de haber tocado la pieza con anterioridad a su abatimiento, cuestión que demoró hasta el término de la jornada, máxime cuando, tras varios intentos de culminación de lances, no había rematado ninguno. La mano, que se había deshecho un poco con la búsqueda, pronto la iniciaron el resto de la cuadrilla.

Eufrasio, que tenía menos pies que otros componentes de la caterva, pronto se quedó detrás de la mano. Pero a él no le importaba pues, para cazar la perdiz, *cazador viejo y perro cojo* es la mejor receta para los chances. Una vez continuada la mano, en el hueco que habían dejado Elías y Juan María, se coló un pájaro entre los dos.

—¡¡Pájaro, Juan María, pájaro!! —gritó Eufrasio.

Pero Juan María, que se había adelantado demasiado, casi ni lo vio al pasarle ligeramente por detrás, pero a una distancia asequible para su abatimiento. Eufrasio la deja cumplir dentro de su área de disparo, juzga bien la pieza que se le desplazaba de derecha a izquierda en un vuelo raudo y rastrero, a una distancia considerable, casi fuera de tiro, y tras el adelanto pertinente, un certero disparo lo destituye de la línea inicial de su trayectoria, y el pájaro rueda entre los terrones que conformaban la melga.

Koran, el asistente canino, que en esos momentos colaboraba con Eufrasio, antes de que se escuchara la detonación había iniciado solícito la carrera hacia la pieza, la cual cobró inmediatamente sin orden alguna de su dueño. Parte de la cuadrilla, la que habiéndose adelantado en la besana todavía mantenía cierta línea visual con nuestro personaje, vuelve su vista hacia atrás sorprendida. La otra *pareja sentimental* de Eufrasio, con su perspicacia acostumbrada, emprendió el susurro de rigor, a tenor de su perspectiva sobre el lance:

—Ya sé lo que me vas a decir —le respondió su compañero cinegético—, pero no tengas perversos pensamientos, solo es tu forma de ver las cosas. Frasi, desengáñate —prosiguió la *amante* con su runrún tenue pero lleno de certezas, como la mayoría de las veces—, no sabes muy bien la cara que ha puesto Juan María al ver que has cobrado ese pájaro, después de pasar casi por encima de él.

—Es normal —le respondió su fiel acompañante—, todos queremos culminar nuestras salidas a las patirrojas en una contienda eficaz, y siempre no nos sale como pretendemos.

El balance a esas alturas de la jornada rayaba por ser exiguo y anodino: solo Eufrasio se había colgado un par de piezas y el hijo de Elías mostraba colgando por el gaznate una hembrita que había abatido con su arma semiautomática, elemento que no era del beneplácito de gran parte de la cuadrilla.

Una vez continuada la mano y a la vista del cómputo obtenido por parte de la mayoría de la terna, comienza una disgregación intencional de parte de los componentes de la mano. Al contar estos con el conocimiento del terreno, pues ya habían cazado en anteriores temporadas, comienzan una marcha casi maratoniana. Apretaban el paso para llegar antes que los que tenían menos tregua entre sus pasos. Uno de ellos era por supuesto Eufrasio. Pero, como para siete vicios existen sus correspondientes siete virtudes, Eufrasio se acordaba de Juangualberto, de su vejez y de su perro, que con su tosca y leve muestra simulaba una leve cojera que le hacían si acaso más eficaz en su cometido cinegético. La mano estaba deshecha y se había roto filas. Juan María se precipitaba en una casi carrera en diagonal, apresurándose sobre un arroyo con bastante matorral, donde las perdices de la besana se podrían estar guareciendo de sus perseguidores. Elías se apresura también hacia el caudal seco y su espesura, conformando ambos un dúo que se perfilaba cada uno por cada lado del regato. No tardan en tirar alguna que otra pieza que se encontraba amonada en la frondosidad del riachuelo, no siendo fructíferos los lances realizados por los presurosos cazadores.

Federico y el sobrino de Elías habían desaparecido tras el horizonte de la besana y no se les escuchaba detonaciones. Eufrasio con su paso lento persistía en su andadura tras las deseadas perdices, que, disgregadas por las zancadas de sus correligionarios, habían vuelto a los principios de la correntera seca. No había transitado Frasi más de unos cuarenta metros, se le queda de muestra firme la perra, que acababa de cambiar por el perro. Bruma era muy segura cuando percibía los efluvios de las patirrojas. Tras unos segundos de espera, se levanta el pájaro y Eufrasio la abate del primer disparo de su compañera. El cobro no se hace esperar y la perra entrega la pieza a su dueño con la delicadeza que corresponde a la reina de las aves. Cuando nuestro protagonista había recorrido aproximadamente la cuarta parte del arroyo, observa que Juan María y Elías ya venían de vuelta por el mismo cauce, repasando nuevamente los bordes de la correntía seca. Al ver a Eufrasio, deciden girar hacia su derecha para batir nuevamente la tierra calma. Frasi sigue su marcha, hasta llegar a la desviación que habían tomado sus compañeros, y gira hacia la izquierda del arroyo buscando la linde del coto y en dirección a los coches para darle un poco de agua a Bruma. El calor apretaba, como todos los meses de octubre en las rastrojeras del valle del Guadalquivir.

Cuando Frasi estaba llegando a los vehículos para el correspondiente abrevadero, Federico, Juan María, Elías, su sobrino y Félix también llegaban para hidratar a los canes. Una vez realizada la correspondiente parada de descanso y tras haber refrescado a los perros, la cuadrilla traza una nueva hoja de ruta para el resto de la mañana, que se estimaba corta por el calor abrasador de la jornada. Todos menos Eufrasio pretenden cambiar de estrategia intentando patear terrenos que no se habían batido durante la mañana. Frasi, a la pregunta de Elías de que ya estaba dando las *boqueás*, sobre su nuevo pateo del terruño con las pertinentes pretensiones cinegéticas, le responde que va a volver a repasar nuevamente el arroyo que ellos habían pateado previamente. Elías se va con el resto de la cuadrilla y Frasi se encamina nuevamente hacia el lugar donde había abatido otro pájaro. Casi en el mismo sitio del arroyo nuevamente, Bruma se queda parada. La perdiz tarda en salir. El calor le hacía agazaparse como último recurso para pasar inadvertida, pero la muestra del cánido era tan firme que no tuvo más remedio que saltar. Nuevamente Eufrasio se reportó. El zurrón se incrementó en una pieza más. Casi con toda seguridad el resto de los miembros se sorprendieron cuando vieron la escena de Frasi. Pero, como decía Fernando Alonso, la fortuna y la mala suerte se compensan a lo largo de la temporada. A unos cuarenta metros, en el mismo cauce que llevaba Eufrasio, se arranca una perdiz larga sin que la perra la hubiese mostrado. Frasi dispara ambos cañones de su escopeta y se percata de que en el primer disparo la perdiz había hecho un pequeño guiño, echándose al hilo del arroyo. En esos momentos aprieta la marcha para ver si la perra coge el rastro y la puede cobrar. Pero la búsqueda no obtuvo los frutos deseados. El calor apretaba de lo lindo y la perra ya estaba agotada por las altas temperaturas de la jornada. Elías aparecía de cara, nuevamente se había venido buscando el amparo de la hierba seca de la correntía; pero, como había escuchado las detonaciones, le preguntó a Eufrasio que si había tirado alguna codorniz, a lo que nuestro protagonista le contesto que no, que habían sido dos perdices y que solo la primera la había podido cobrar. Como su interlocutor había andado la otra parte del arroyo y él el otro lado, le comunicó a Frasi que se iría cortando camino por medio de la besana hasta los coches. Eufrasio le contestó que iba a buscar otra vez el pájaro que no había cobrado y que le parecía que estaba tocado. Se volvió Frasi por sus propios pasos y, a unos doscientos metros de donde había visto desaparecer la perdiz no derribada, la perra cobró la perdiz que estaba amonada en un terrón al borde del arroyo. Sobre las 14:00 horas Eufrasio dio por terminada la jornada; después de todo había sido fructífera y de unos lances estéticos apetecibles para cualquier cazador que se precie como tal. Próximo a los coches, Óscar, el miembro de la cuadrilla que se separó de la misma al principio alegando incompatibilidades de su perro con los del grupo, aprovechó que el Pisuerga pasa por Valladolid y se coló en lo que Eufrasio predijo, la parte más querenciosa del acotado. Este compañero, Óscar, daba unos saltos, al parecer de felicidad, similares a los del bobo de Coria, mostrando tres patirrojas colgadas de su percha, imaginándose por las detonaciones escuchadas durante la jornada, que era el de más piezas cobradas. Elías ya los acompañaba junto a los coches. Frasi, al llegar al punto de encuentro, sabiendo que le demandaría nuevamente la perdiz del principio de la jornada, antes de escuchar la consabida demanda le espetó: «Elías, toma tu pájaro», al tiempo que sacaba una perdiz de su macuto. Transcurridos unos minutos, en el tiempo que Eufrasio guardaba con esmero su escopeta y montaba a la perra en el remolque, llegaron el resto de los compañeros con Federico y Juan María al frente. Las perchas de ambos eran exiguas. La jornada en general no se había dado nada bien para las expectativas que Juan María había despertado en Eufrasio respecto de la zona objeto de caza. Aunque él no había sido el más decepcionado, sí estaba alerta por el depauperado balance cinegético de la mañana, por tratarse de las primeras jornadas. Pensaba pues en el consuelo de los pobres: «Mañana será otro día». Las expectativas del grupo se vislumbraban, de momento, modificables y modificadas, pues podrían afectar ficticiamente a la jerarquía cinegética de la cuadrilla.

# ¿La caza puede ser bella, sublime y siniestra al mismo tiempo?

*14 de octubre de 2020*

Se debatía Eufrasio, cuando se adentraba en algunas de sus ensoñaciones al más estilo rousseuniano, en lo que a veces le criticaban como ciertas divagaciones o simplemente de bárbaro, en el más estricto sentido primigenio de su acepción, como un cerril y tosco existencial al que no se le entiende cuando se expresa. Para Frasi, Ovidio lo comentaba casi a la perfección: «Bárbaro soy aquí, puesto que no me entienden». Pero el caso es que, por mucho que intentaba evadirse de sus pensamientos, estos nuevamente le traicionaban y se entregaba constantemente a ese duermevela de las noches-vísperas de las salidas al campo. De siempre las vísperas tienen mejor espectativa que las fiestas, como acentuaba Juangualberto, interlocutor de Miguel Delibes en su libro *La perdiz roja*.

En estas están abiertas todas las posibilidades de los lances estéticos pretendidos. Llegada la fiesta, la jornada cinegética se disfruta solo de lo que el campo da y las circunstancias que lo rodean. Su mente merodeaba por senderos inhóspitos, pero al fin y al cabo muy interesantes, distintos de la mayoría de sus correligionarios cazadores. Tal vez como presagio a la feliz jornada que se le avecinaba, como el alba se hacía de rogar, se sumergía en una de sus elucubraciones. Soñaba con ilusión en ciertas ocasiones acerca de los momentos estéticos que se pueden experimentar cuando se realiza el ejercicio de la caza y cómo se pueden fundir al unísono tres percepciones distintas, lo bello, lo sublime y lo siniestro. Una especie de estética trascendental como preámbulo de toda sensibilidad. Eufrasio practicaba otras modalidades de caza en las que se podrían dar estas tres circunstancias a la vez. A veces se preguntaba cómo podría explicar que la caza misma desembocaba en situaciones desconocidas a simple vista. Las mencionadas situaciones son más habituales de lo que la mayoría de la opinión pública y cazadores pudieran imaginar. Para eso se apresuraba a imaginarse un pequeño discurso en el que poder explicar sus apreciaciones y las sensaciones que percibía en su interior. El hecho es que se lo relataba para sí mismo, a falta de mejor audiencia. Pasaría por tanto sin ser escuchado, probablemente y llegado el caso lo tacharían evidentemente de anormal, cosa que no veía mal dadas las circunstancias de lo que percibía a su alrededor. De ese modo, como si se tratara de una memoria fotográfica, iba plasmando imágenes y algunos datos de personajes interesantes, personajes diversos que, tras la tosca lectura de algunos pasajes, ordenaba con ciertos aires de entropía, un ordenamiento dentro del desorden de su mente. De esa forma, intentaba al menos exponer una y otra vez cómo la caza puede ser cosas que a simple vista ofrecen en un principio ciertas controversias, de cómo un lance o acontecimiento inesperado puede ser a la vez lo que había pensado con anterioridad: bello, sublime y siniestro. Su misión en esos momentos pasaría por la explicación de algunas imágenes que deambulan en nuestra mente y que se deberían ordenar y clarificar para poder sacarles toda su esencia.

Se apresuraba a recordar cómo en cierto día, practicando una espera nocturna de jabalí, se le vislumbraron imágenes inéditas, maravillosas y casi espeluznantes.

En el caso que le ocupaba, comenzaría su imaginaria disertación casi por el final, es decir, comenzaría a detallar una de las conclusiones que Eugenio Trías deduce de su disertación acerca de lo bello y lo siniestro: «La belleza es siempre un velo (ordenado) a través del cual debe presentirse el caos». Estimaba que la citada definición puede ser un resumen y a la vez el detalle pormenorizado de los tres conceptos que deseaba exponer. Debería mencionar al mismo tiempo que la percepción de los objetos que reconocemos pasa ineludiblemente por nuestra mente, indistintamente de que proceda de la antigua disertación entre racionalistas y empiristas; por tanto, ya se ha realizado una selección. El presente hace uso del pasado para enfrentarse al futuro, una selección que ha sido fruto de nuestra subjetividad y que ha plasmado ya la realidad en nuestro intelecto.

En cierta forma ya gozamos de una posible virtualidad. Por ello, y aun a riesgo de que su visión particular no pudiera ser la idónea, prefería la ventana subjetiva a la panorámica del ordenador o del mundo y la virtualidad. Porque, dado el caso y como bien dice Frederic Jameson, «esa retícula de poder que constituye el capitalismo multinacional puede tergiversar la realidad». O quizás el «tal vez no haya logrado otra cosa que aterrorizarnos innecesariamente», de D.ª Isabel Mencía. Cuando Eufrasio se situaba ante aquello que podría ser lo bello, era una de las deducciones de las múltiples escenas que eran asiduas en cualquier jornada de caza y sobre todo ante la fascinación de una espera de jabalí.

Lo bello podía ser el paisaje contemplado

Recordaba de sus lecturas como furtivo en bibliotecas ajenas, cómo en el giro que se produce hacia la visualización, y que consecuentemente se aleja del plano de la retórica, Edmund Burke, teniendo el calificativo de ser un *rara avis* de la filosofía política, toma la iniciativa de intentar acercarse a la teoría acerca de lo bello y lo sublime. Un Burke que se mantuvo influenciado por Locke y los planteamientos de tipo psicológicos. Posteriormente, quizás por los motivos de la complejidad de la psicología, es posible que se cumplan las conclusiones de Freud en el psicoanálisis, cuando comentaba: «Todo esto puede ser cierto si tenemos en cuenta que mis pacientes me hayan dicho la verdad». En estos momentos es cuando se interioriza para la posteridad el plano puramente fisiológico en el que Burke se encuentra plenamente abstraído. Se perfila en una estética que hace referencia a la parte de una creación corporal. Delante de los destellos que se pueden ocasionar ante lo bello y lo sublime, se anticipa a su tiempo en lo referente a la fenomenología.

En la contemplación de la naturaleza a través de la foto grabada en su mente y que hace referente a lo bello, Frasi podía observar cierto absoluto fenomenológico, que no es otra cosa que aquello que puede darse, y se da, especialmente cuando usamos ese tercer factor que es la imaginación, añadido a la razón y los sentidos. La visión que tenía de la misma, unida a la imaginación que anunciaba Addison, puede ser la fuente de inspiración y conocimiento del mundo exterior, convirtiéndose la citada alianza entre la vista y la imaginación, la forma más perfecta y fiable de concebir y extraer nuestras subjetivaciones.

También relacionaba las experiencias empíricas seguidas de la emoción, al igual que Locke. Este es el punto de partida plasmado en su texto *Indagación del origen de las ideas acerca de lo sublime y de lo bello*.

La imagen primera que tenía idealizada en su interior podría haberla escogido de cualquiera de las que tenía grabadas, y así como estimaba al principio, lo bello puede ser el principio del caos, es la antesala de lo sublime. Lo sublime se puede considerar como la experiencia estética más emocional que cualquier persona puede asumir a través de sus sentimientos. Acepta los principios de la filosofía metódica de la empírica inglesa, donde la sensación es sinónimo de las bases del conocimiento de lo sensible.

La selección de esta escena plasmada en primer lugar corresponde a la antesala de lo que Burke intenta emprender dentro de la experiencia estética y su historia, conectar por primera vez entre lo bello y lo sublime, con el pánico, el espanto y la carencia de raciocinio. La visión de Eufrasio estaba orientada en cuanto a la perspectiva del subjetivismo, que hacen que un objeto sea bello, posteriormente sublime y concluya con la coincidencia al menos en parte de las normas estéticas del terror. Las escenas expuestas estaban escogidas de su intelecto y pertenecían al mismo espacio, lo que cambia es la temporalidad, que a veces por falta de tiempo, y sobre todo miedo a la oscuridad y lo desconocido de la realidad, nos exime de la paciencia oportuna para poder observar y percibir sensiblemente la naturaleza.

Al ser humano le es más factible adentrarse en un mundo virtual o constructo humano que en el mundo real donde se encuentra arrojado. Si bien en el primero, el virtual o social, a veces es acorde con la realidad, pero sabemos a ciencia cierta que físicamente no nos es proclive hacernos daño y entonces puede observarse cierta relajación. Sin embargo, reconocemos que, en el plano metafísico o psicológico, pueda tener incidencia. En el segundo, en el mundo real, cuando la pérdida física de la vida puede ser latente y el sufrimiento de las inclemencias meteorológicas puede llegar al mismo extremo, que se puede perder la vida por causa de estas. De tal modo, por este motivo al que aludía Frasi, el miedo que nos causa la experiencia estética en el caso de la realidad es tan extremo que preferimos lo virtual a lo real.

Pongamos un ejemplo. Se comentaba a sí mismo Eufrasio si se consideraran dos casos, ambos inmersos en la oscuridad. Imaginemos que vamos al cine a ver una película en la que aparece un ser extraño, extraterrestre si se prefiere, y que causa miedo en los espectadores, etc. Es lo virtual. Ahora supongamos que nos indican que hay que dirigirse al monte de noche, con una temperatura gélida y controlar a un animal, y que al mismo tiempo nuestra integridad física puede correr peligro. Estaríamos ante lo real. En ambos casos se puede tener un sentimiento estético y la correspondiente experiencia estética, pero ¿cuántas personas se decantarían por lo virtual y cuantas por lo real? Estimaba nuestro ensoñador que la diferencia sería abismal, toda vez que en lo virtual podemos estar con cierto grado de relajación y contemplación, mientras que en el segundo caso el hombre alerta, como define Ortega y Gasset, se tiene que mantener en todo momento y en grado superlativo en un estado de alarma constante, en el que a veces se llega a la extenuación física. La experiencia estética sería mucho más intensa en el segundo caso que en el primero, pero en líneas generales la mayoría de los ciudadanos escogerían el mundo virtual antes que el real.

Había aludido desde el principio nuestro ensoñador de ilusiones que la subjetividad es primordial en cuanto a estética se refiere, por tanto, con el apoyo de la estética tradicional, se decantaría por la observancia de la madre naturaleza, especialmente cuando se realiza de forma pasiva y placentera, como la puesta de sol de la primera imagen, que al menos es inquietante, y puede ser perfectamente un fiel reflejo de lo bello. Esencialmente, si se realiza en tiempo real, donde nosotros mismos formamos parte de la a veces cruel naturaleza en la que nos vemos obligados a desarrollar nuestra existencia.

Lo sublime, proximidad con lo bello…

En esta imagen que mantenía Eufrasio grabada en su mente, tras haber estado presente en un primer momento en su retina, podía observar algo diferente de la primera, aun correspondiendo al mismo lugar. La subjetividad, su visión, su imaginación y el tiempo hacen que la experiencia estética se transforme de lo bello a lo sublime. El contraste de la oscuridad con las tinieblas que se perciben de un cielo con nubes grises y cobrizas nos percatan de la intromisión de algo que escapa a nuestra razón, como si de un fenómeno extraño se tratara. Es el preámbulo de la noche, que con su guadaña cegadora nos anuncia una sublimidad latente, antesala de que algo siniestro puede ocurrir. La novedad del caso en concreto representa una sensación de lo placentero, ligado con lo inesperado, que es extraño porque no se le espera.

Ese prodigio extraño que aguijonea nuestra mente por parte de la despiadada naturaleza hace que nuestro cuerpo sienta escalofríos y se emocione, nos espanta y nos paraliza por unos instantes. Se produce cierta convulsión estética, en contraposición con lo bello y su hechizo apacible y relajado.

Lo sublime se percataba Eufrasio que nos hace sentir seres ínfimos, nos sobrecoge y nos estremece. Al igual que expresaba Burke, es el mayor sentimiento del ser humano. Se percibe con notoriedad la superioridad de lo sublime natural a lo sublime artístico. En gran parte lo sublime del caso expuesto proviene del concepto de imaginación, que se presume que es ilimitada. Las impresiones que se toman del mundo exterior nos permiten una asociación de ideas que no tienen límite. Como consecuencia de lo que planteaba Frasi se podría deducir que no existe nada más libre que la imaginación humana, pues, aunque se percibe de los sentidos que su propio cuerpo percibe su capacidad es ilimitada.

La emoción que sentimos ante lo sublime es la idea de dolor, de peligro. Ese miedo a lo sobrenatural es lo más terrible que podamos sentir, que en definitiva es la emoción que experimentamos los seres humanos. Lo sublime es lo que más nos acerca al éxtasis. Un asombro que coincide en el comienzo de la filosofía según Aristóteles. Por tanto, la filosofía tiene algo de sublime. Ante lo sublime nos quedamos sin palabras, sin aliento. Los grandes aliados de lo sublime son la oscuridad, el silencio, la soledad, la infinitud, cualidades todas ellas catalogadas por el horror que sentimos ante esa malvada naturaleza que tenemos ante nuestra mirada.

Subjetivamente aprehendemos la grandiosidad del objeto, sostenía Frasi, que materialmente ostenta una extensión que nos supera. Sentimos como una especie de desconcierto que desemboca en la confusión. La resistencia que de forma más contigua ofrecemos a la escena es nuestra sensación de dolor. Una sensación amenazadora hacia nuestra persona, que posibilita una visión acerca de nuestra propia pequeñez, que se percibe ante la falta de dimensión de nosotros dentro de la escena que tenemos delante. Para poder sobreponernos a la citada situación hacemos uso de nuestra razón, especialmente cuando analizamos lo que la escena despierta en nosotros.

Entendía Eufrasio que la escena seleccionada hace referencia a lo sublime, reúne los requisitos que son determinantes de lo sublime. En cierto modo, paraliza en nuestra retina la magnitud que tenemos delante, nuestro estado anímico es seccionado y nos aflora el dolor y la angustia hacia lo desconocido. Por otro lado, tenemos el inapreciable espacio en el que nos movemos frente a la grandiosidad del objeto. Nuestro dolor se ve atenuado por lo sobrenatural, que lo convierte en una situación placentera y, por último, la fusión entre nuestra alma y el monte que contemplamos. Lo sublime aflora con luz y vivacidad en el dualismo que observamos, es decir, se mezcla el placer con el dolor. Desde la distancia se nos muestra una experiencia estética que no había sido apreciada hasta la conjugación de estos elementos.

Lo siniestro, un acontecimiento inesperado…

Exponía Eufrasio al principio que lo bello y lo sublime era la antesala y la fusión en el plano categorial de ese espíritu no definido y la sensibilidad. Si se iniciara ahora al mismo tiempo un recorrido hacia ese algo sobrenatural o espíritu divino observado en lo sublime, una divinidad que permanece en la oscuridad, oculta por ese velo que no nos deja verla con claridad, y que emana en el preciso instante de su revelación. Es posible que el rostro de la divinidad se encuentre iluminado o inmerso en la más recóndita oscuridad, o como comentaba Eugenio Trías, ¿o esa oscuridad y esa tiniebla será el último velo, angustioso velo, que a modo de noche oscura impide el vuelo terminal, aquel en el curso del cual se logra dar a la caza, alcance?

Es en esos momentos cuando la mirada seleccionada hacia la tercera imagen surge ella misma inmersa en la naturaleza que subyace debajo de esa recóndita oscuridad. Entonces es cuando verdaderamente lo observado nos puede parecer siniestro. Cuando la luz de las tinieblas de lo sublime se oculta, y la oscuridad se hace latente en ese manto o velo de la noche que cubre el monte, solo nos queda el leve atisbo de luz que nos proporciona la luna cuando se refleja en las hojas de las encinas simulando cual si fuera una nevada tenue que no llega a caer al suelo. Cuando nos encontramos abstraídos en esta inusual forma de ver la naturaleza es cuando sentimos la sensación de que lo siniestro se acerca hacia nosotros.

Un sentimiento y un presentimiento que nos hace temer en secreto lo que de veras deseamos. Por fin se nos aparece súbitamente, y la magia de la noche lo perfila hacia la realidad del objeto. Lo siniestro aparece desde nuestro deseo, el cual se encontraba oculto en una intimidad vedada. La mirada siniestra se personifica en la realidad dando fruto a la ilusión que había permanecido inconsciente. El lazo de unión de nuestro deseo y el temor que presentimos sirve de amparo a lo siniestro en potencia, y el aparecer de ambos se convierte en lo siniestro real. Cuando se mezcla nuestra imaginación, la realidad y el miedo solitario de la noche se desvela lo siniestro. «Lo siniestro sería algo que, debiendo quedar oculto, se ha manifestado», apostillaba Schelling.

La oscuridad de la noche donde el color negro muestra sus dominios incita a la percepción de un espanto sublime. Será la cuarta dimensión, el tiempo, que, acompañado de la estrella matutina, nos anuncia un nuevo día y dará paso nuevamente a la percepción del sentimiento estético que tantas veces permanece oculto en nuestra subjetividad, y así aprehender una vez más lo bello, lo sublime y lo siniestro.

# Ilusión y realidad

Aprehendido con la mayor de las sutilezas de los conceptos expresados con anterioridad, el despertador no llegó a cumplir su cometido. Ese catorce de octubre Eufrasio se incorporaba apresuradamente de su catre con una nueva ilusión, una medio ilusión soñada en la noche que había precedido al alba venidero y se disponía a iniciar la jornada en la más estricta soledad. Sus compañeros de la cuadrilla no habían dado signos de asistencia hacia los momentos estéticos pretendidos en la jornada que se vislumbraba.

Una vez realizados los preparativos de rigor y con la parsimonia correspondiente, escopeta, macuto, canana, el agua y un nuevo componente se incorporaba a los bártulos habituales, el desayuno. Gustaba a Frasi prepararse unas viandas simples pero muy apetitosas, que consistían simplemente en una pieza de pan candeal crujiente con mantequilla, que consumía hacia la mitad del recorrido en su vehículo. Persistía en sus recuerdos el olor del pan recién hecho del horno de leña de la panadería contigua a la casa de sus padres, y de esa mantequilla casera sin aditivos que con lentitud sabia preparaba su abuelo Eufrasio. Con la imaginaria percepción de esos efluvios a cada bocado, evitaba las paradas en las ventas de carretera, que, en la mayoría de las ocasiones, eran muy deficientes culinariamente, al mismo tiempo que no abandonaba su arma cuando se disponía a ingerir esos cafés de entierro, panes congelados, aceites mezclados y jamón de plexiglás a los que le tenían acostumbrado los mozos de los despachos.

Una vez llegado al cazadero, mientras preparaba los bártulos, hacía bajar a los perros del remolque para que fueran estirando sus músculos, entumecidos por la rigidez del habitáculo que los transportaba. Al poco tiempo se presentó el guarda del acotado, que, junto al saludo de rigor, diseñaban la táctica a seguir para la jornada cinegética que se avecinaba. Ya se sabe que, cuando se caza en solitario al salto no es lo mismo que cuando se realiza una cacería en cuadrilla. La tierra se hallaba bastante húmeda, con sus correspondientes charcos en los caminos. La pergaña de primera hora se vislumbraba casi como obligatoria. Hasta que no calentara un poco el sol y el aire secara levemente el barro establecido no se formaría la corteza superficial que impedía la formación del pesado apósito en las botas. Situado prácticamente en el centro de las hazas que debía patear, y siguiendo un poco los consejos del guarda, Frasi se lanzaba hacia una nueva aventura por las patirrojas con su perro. Consciente de la fogosidad de su compañero, se dirigió en paralelo a un arroyo, diezmado en su totalidad de vegetación por haberle metido también fuego a la misma; restos de cenizas ennegrecidas por las últimas lluvias delataban los hechos. La besana se encontraba con unos terrones considerables, fruto de la profundidad a la que se habían marcado los hierros del arado, y por tanto eran propicios para que se amonaran las perdices. Pero estas no aguantaron y, en cuanto que nuestro cazador giró hacia la derecha para comenzar el rodeo desde la linde hacia dentro del acotado, emprendieron su raudo vuelo en la dirección contraria. Se habían salido de los límites del coto. A este acontecimiento, la influencia del auxiliar de caza había colaborado plenamente al más estilo de don Miguel Delibes, con unas carreras demasiado impetuosas. Juangualberto criticaba a esos canes con muchos vientos y firme muestra, que levantaban las perdices en las quimbambas. Próximo a la linde con la carretera, gira nuevamente Frasi a la derecha para ir bordeando las lindes del coto e intentar evitar que las piezas objeto de la caza se salieran nuevamente. La pergaña se hacía incómoda y trabajosa. De vez en cuando soltaba el cazador una patada al aire para que se desprendiera el apósito de barro de la bota.

El perro comenzaba a realizar algunas lazadas menos extensas que las del principio de la jornada, pero un nuevo bando de perdices se levantó al unísono fuera de tiro. Estas se dirigieron con su rápido vuelo hacia un lindazo más amplio formado por los márgenes de la carretera, a la que afluía un pequeño arroyo con algunos arbustos y un forraje muy propicio para que las perdices aguantaran algo más que en la tierra calma. Llegado a ese punto, que Frasi consideraba idóneo para poder tirar alguna pieza, el perro se vuelve hacia el lado contrario de la dirección que llevaban, siguiendo el rastro de los efluvios de algunas de ellas. Nuevamente emprendieron un vuelo estrepitoso desde la maleza de hierbas acumuladas en una especie de cárcava pequeña formada por la escorrentía del arroyo. La mañana se estaba presentando con una buena densidad de pájaros, pero, por el hecho de estar cazando en la más estricta soledad, las piezas daban esquinazo constantemente al cazador y nadie podía aprovechar el volateo de las gallináceas. Continuaba nuestro protagonista con la estrategia diseñada al comienzo de la jornada, pateando las lindes de la zona que pretendía recorrer ese día. Hora se salía de los regajos, hora de los confines de las hazas, para desplazarse por los centros de estas zigzagueando con el perro para batir la mayor extensión de terreno posible. Pero todo era en vano. Las muestras del perro se hacían rogar, si bien Frasi se percataba de que Koran su perro se desplazaba por una cantidad de rastros considerables, incluso con algunas guías con sus paradas alternativas, pero que al tiempo se desvanecían y volvía a las cercanías de su dueño sin mostrar ninguna pieza. Sobre las once de la mañana la pergaña iba despareciendo y los desplazamientos se hacían más livianos. Además ambos compañeros se dirigieron hacia una suerte de tierra que estaba aún con el rastrojo de trigo en pie, y era más llevadera la marcha, a pesar de su inclinación.

Culminado el cerro, un nuevo giro se hacía obligatorio por encontrarse este en uno de los extremos de la finca. Al mismo tiempo parecía que el montículo era muy querencioso para el encame de alguna liebre. Frasi estaba en lo cierto, en una de las pequeñas vaguadas que bajaban de la loma saltó una liebre que no aguantó la presencia del cánido. La rastrojera se había llenado de algunas malas hierbas que hacían los pequeños regajos muy propicios para que se amonaran algunas patirrojas. Frasi se dirigió hacia uno de ellos y la muestra del perro no se hizo esperar. La brevedad de esta hizo que la pieza saltara temerosa de la presencia de ambos deambulantes de las rastrojeras. La detonación fue rápida y la codorniz fue abatida al primer disparo. La mañana se animaba y parecía que podría ser más fructífera en emociones y sentimientos estéticos que los presentimientos de los albores de la jornada. Antes de que Koran cobrara la pieza, la compañera de Frasi efectuaba un nuevo disparo a propuesta de este, que precisó de una nueva descarga para poder abatir la codorniz que se había levantado cuando el perro intentaba el cobro de la anterior. La jornada parecía iluminarse alentadora a esas alturas de la mañana. Próximo al mediodía nuestro cazador decide dar descanso a su perro y hacer uso de Bruma, que, silenciosa, aguardaba en el remolque utilizado a tal fin. Un nuevo lance se produjo antes de terminar el recorrido del tenue regajo. Otra codorniz se levantaba con sus correspondientes quiebros de rigor. Frasi, sorprendido, hace detonar su escopeta con los dos caños. La pieza susceptible de abatimiento, se marcha a criar buscando el amparo del arroyo, que, unos doscientos metros más abajo, delimitaba la rastrojera de otra haza, que había sido levantada sin tener en cuenta lo beneficioso que resulta para la fauna en general, pues aporta un buen cobijo y sustento a sus moradores. Lejos de maldecir, haciendo uso de los suburbios del diccionario, nuestro cazador reacciona serenamente y piensa por unos momentos que esos errores de puntería en cierto modo se vuelven necesarios para el mantenimiento del censo poblacional de las especies cinegéticas. Su mente argumentaba controversias acerca de estas situaciones, creemos erróneamente y piensan algunos que, el mejor cazador es aquel que su porcentaje de aciertos es el que más se acerca a la centena, creyéndose el mejor de los mortales cinegéticos. En este caso, ese sería un admirado tirador. Eufrasio, sin embargo, lo que admiraba era un buen cazador, que patea, intuye las querencias y suda las piezas. Frasi se consideraba un aceptable cazador, pero tal vez un tirador con carencias. Sus emociones ante las piezas le hacían fallar estrepitosamente en multitud de ocasiones. Ya lo decía don Miguel: «Es que alguien tira una perdiz a sangre fría, nadie ella se encarga previamente de calentar la sangre del cazador».

Según una de las teorías orteguianas, en las que dilucidaba sobre las corridas de toros, corroboraba el pensamiento de nuestro cazador de desengaños, pues argumentaba que tan necesarias eran las malas como las buenas. Si fueran todas iguales, no se distinguirían unas de las otras; ni las unas magníficas ni las otras nefastas, todas caerían en un estado anodino sin interés alguno.

Se dirigió Frasi hacia la posición donde se encontraba el coche en línea paralela a una especie de vía ancha que parecía haber sido un descansadero de ganado en la antigüedad, continuado por un camino de buenas dimensiones que, por diversos motivos, transcurría sin oscilaciones ni baches. Custodiaban al mismo una serie de arbustos alternos a ambos lados de este, simulando una especie de pista de carreras, pero sin asfalto, dividiendo dos besanas considerables y que lucían unas rastrojeras dignas de ser copiadas por muchos labriegos, algo así como parada obligatoria para poder adquirir el famoso *green payment* europeo, un pago verde que lejos de obtener su cometido, entre otras cosas lo que ha servido primordialmente ha sido para meter en vereda fiscal al sector agrícola.

Bruma esperaba en el remolque con cierta vehemencia por salir y realizar su cometido como auxiliar de caza de Eufrasio. Koran quedaba ahora descansando tras la media jornada. Su labor había sido algo sorda, pero tal vez con su laceo amplio y veloz por las besanas, posiblemente a mediodía las patirrojas estarían buscando cierto amparo en los ribazos y arroyos que circundaban la rastrojera.

Tras el pequeño descanso, era hora de comenzar de nuevo. El binomio cazador y perro, simulando una circunferencia sobre el cazadero, aunque de menores dimensiones que la establecida en la primera táctica empleada al principio de la mañana, simularían el objeto de la estrategia. Establecida la marcha, a unos cien metros del coche la perra se muestra nerviosa, moviendo el rabo como anunciando una muestra, y tras llegar a unos tarajes se arranca una perdiz sin que Bruma le diera tiempo a mostrarla. Frasi, cuando pudo visualizar la pieza, esta se encontraba a una distancia considerable, casi fuera de tiro. Corrió la mano con la escopeta y apretó el gatillo para su posterior detonación. El ave hizo un guiño en su lineal vuelo, pero no perdió apenas su trayectoria. Su mirada se quedó fija viendo el alejamiento del pájaro. Casi al mismo instante observa cómo este va realizando un cambio de sentido de forma semicircular y, en lugar de alejarse, comienza a acercarse por la izquierda de Frasi y cruza la línea imaginaria que se podía establecer entre este y el coche, siempre a una mínima altura del suelo. Cual no fue la sorpresa del binomio cinegético que, cuando había atravesado la línea descrita unos setenta u ochenta metros, la patirroja comienza con un vuelo ascendente, hace la torre unos treinta metros hacia el cielo y cae como una pelota al suelo a unos cien metros de los observadores del lance. La alegría de Frasi era desbordante. Un sentimiento estético casi inexplicable invadía todo su cuerpo, un lance que proyecta la retina hacia el interior del cerebro, para no olvidarlo jamás. Bruma, que había estado atenta a tan singular episodio, no tardó en seguir los pasos de su dueño y anticiparse al mismo para realizar el cobro pertinente. Nuevos aires parecía que presentaba la jornada. El cansancio que se había estado acumulando en Eufrasio, desapareció en el instante que Bruma entregaba la perdiz a su amo. El balance de la jornada estaba dando buenos resultados después de todo. Reanudada la marcha, ambos caminantes siguieron con la mano preestablecida a media mañana. Bruma trasteaba las lindes parando un par de conejos amonados en sendas matas de palmas, pero que su propietario no debía tirar por no estar autorizado para ello. Don Miguel decía que donde se demostraba la educación y la ética en su mayor expresión era en el campo, cuando nadie te ve; ahí en esos momentos es donde se demuestra los verdaderos valores éticos de las personas. Ser educado en sociedad con temor a las leyes artificiales establecidas y al qué dirán los demás es muy fácil, pero en la soledad del campo no todo el mundo se comporta éticamente de forma correcta. De este modo el deambulante cinegético iba extirpando terrones uno a uno, casi sin darse cuenta de la considerable caminata que llevaban sus botas que, cerca de la una de la tarde, habían perdido la pergaña instaurada al principio de la partida. La perra se había alejado algo más de lo habitual, con un rastro que a Frasi se le antojaba de conejo o liebre. Por ese motivo llamó a Bruma, para que cazara algo más cerca de la escopeta. Al volverse la perra al lado de un pino majoleto, seguido de algo de zarza, se arranca un pájaro largo. Se sale de la linde hacia la besana de la izquierda de unos trescientos metros de ancha, corre la mano nuevamente y tras la detonación el ave acusa el tiro, pero sigue una línea descendiente. A pesar de estar el haza levantada y la tierra de color oscuro, Frasi ve que cae al suelo dando aletazos. Se incorpora y comienza a perderse entre los surcos del arado. Bruma y su dueño apretaron el paso para intentar cobrar la pieza herida y a unos ciento cincuenta metros la perra se queda de muestra a la perdiz que se había amonado en uno de los surcos. Plegada en el suelo y perfectamente mimetizada, aguantaba con los ojos expectantes los movimientos de los inesperados intrusos que habían alterado su habitual estado salvaje. El cobro no se hizo esperar y la cuelga se incrementaba, el día de caza estaba cumpliendo las expectativas, el aporte de proteínas parecía poder complementar la dieta familiar y la excitación de los sentimientos de Eufrasio se renovaban a cada lance. Qué le hubiese gustado a Frasi poder haber establecido una conversación con algunos doctos en antropología y filosofía... ¿Por qué se seguía cazando en la actualidad? Unos dicen que como deporte, por practicar el deporte de la caza; otros que, por afición; por tradición, dirían ciertos paisanos en algunos casos. Sin embargo, si Frasi les hubiera aludido que sus motivos eran como complemento proteínico, genético, como el cazador recolector prehistórico, al igual que el que sale al campo para coger los exquisitos espárragos, espinacas, setas o trufas, hubiese sido como decir una barbaridad más al estilo de Ovidio. Argumentaba al parecer el tal Ovidio ese: «Bárbaro soy aquí, pues no entienden lo que digo». El buscador gallináceo no solo se había dado cuenta del delicioso, sabroso y placentero sabor que tienen las perdices en la mesa, especialmente cuando han sido debidamente manipuladas, tras sus tres o cuatro días del *rigor mortis*, lejos de congelaciones o escabeches, preparadas con amor, parsimonia y cariño para las personas queridas de la familia. El cazador se había percatado de que cada lance, además de poder disfrutar de buena mesa gastronómica, era una maravillosa representación sensible de sus ideas, algo que a Frasi le satisfacía plenamente llenando casi todo su existencialismo.

Continuando con la tarea determinada para ese día de caza, cazador y perra volvieron al lindazo donde se había arrancado el último pájaro. Como se había desplazado en oblicuo respecto de la línea de la conformación arbustiva de la linde, cuando se incorporó a la misma era unos cien metros más arriba de cuando se separó de ella, y en cuanto siguió avanzando en dirección opuesta saltó otra patirroja de la misma linde que traía. Cuando se volvió para intentar tirarla, el pájaro con su vuelo rastrero se perdía entre el horizonte y la labor. No cabía duda de que el haber pateado el campo ampliamente a primera hora de la mañana había dado lugar a que las perdices se fueran refugiando en los ribazos y arroyos. Bruma continuaba con su trote pausado y por fin llegó la muestra. Se quedó inmóvil, con una muestra tan firme que a Frasi le dio tiempo de prepararse concienzudamente para el lance. Tras casi medio minuto de muestra, Eufrasio, tranquilo y a la vez excitado por el acontecimiento tan esperado, mandó entrar a la perra y el estrepitoso vuelo rompió el silencio del campo, encare correcto dejando cumplir el vuelo del pájaro. Esta vez la perdiz fue abatida con certeza. Frasi se encontraba pleno de satisfacción, cinco piezas no se abaten todos los días, aunque dos fueran codornices. Los lances habían sido preciosos y los sabores culinarios de las de menor tamaño no eran nada despreciables, incluso igual de exquisitas que las perdices.

Terminada la linde que llevaban con la mano, cazador y perra giran nuevamente a la derecha para patear un arroyuelo que la atravesaba. Este, más amplio y con dos pequeños taludes llenos de forraje, servía de refugio idóneo para nuevos lances. Bruma, una vez recorrido casi una cuarta parte del arroyo se queda nuevamente de muestra, la gallinácea emprende un alborotado y fastuoso vuelo que Frasi asistido por su amante se encarga de interrumpir. La perra acerca la pieza a su amo y, tras su examen minucioso, se cerciora de que es un espléndido macho con tres espolones y una cabeza digna de un macho de banda. La mañana estaba dando unos resultados inesperados. La frustración percibida en los primeros albores de la jornada se iba diluyendo, hasta convertirse en unos lances extraordinarios. Frasi se preguntaba si no fuera posible parar esa probable cuarta dimensión, que se detuviera el tiempo para el deleite *in situ* de los lances descritos. Pero desgraciadamente, a partir del lance mismo, solo queda el recuerdo, la aprehensión de esos momentos en que el cazador es actor y espectador al unísono, por realizar la acción misma de cazar, y la representación inmanente en su conciencia, perdurable como una duración existencial. Mientras Eufrasio se debatía entre estas y otras elucubraciones, la mano seguía paralela al arroyo antes descrito. Cuando faltaba aproximadamente menos de un cuarto de su recorrido, Bruma vuelve a quedarse de muestra, esta vez en el caballón contrario, el que daba hacia la besana de rastrojo. Cazador y perra hubiesen preferido poder inmortalizar el nuevo episodio cinegético que se planteaba ante sus ojos, pero nuevamente el raudo vuelo de otra perdiz intentaba poner distancia entre el binomio cazador y la pieza misma de caza. Frasi se reportó una vez más y el zurrón se incrementó hasta límites que no habían sido sospechados. Parecía un cuento de hadas y no una jornada de caza al uso. Teniendo en cuenta que estas no se dejan ver casi nunca, a no ser que la mente vuele hasta episodios irreales. Ahora sí que era hora ya de volver hacia el coche, la jornada que había sido trabajada con ahínco por los componentes de la partida debía ser finalizada con un buen broche final, que no era otro que su misma finalización por parte de los miembros de esta. No seguir intentando abatir más piezas era el mejor broche final para la jornada. Pero la sentencia y el destino de cualquier día de caza nunca se sabe cómo será desde su primigenia apreciación. A unos treinta metros de haber girado hacia el camino y dejado el arroyo, una breve muestra de la perra hace que salte una collera de pájaros, que, amonados en unos cenizos en el mismo borde del ancho y llano camino, intentan poner distancia ante sus perseguidores. Eufrasio, con parsimonia y buen temple, encara el arma y desplaza el dedo por ambos gatillos. Previamente había juzgado bien las piezas y, primero la de la derecha y después la de su izquierda, pierden la inercia pretendida en su vuelo al breve instante de sus correspondientes detonaciones, y son apartadas de su trayectoria hacia el suelo para que pudieran ser cobradas por Bruma.

El ancho carril que los separaba del vehículo se les anto-jaba a los deambulantes cinegéticos algo más estrecho que la percepción que habían tenido del mismo a primera hora de la mañana. Llegados al remolque que transportaba los canes, Koran parecía vislumbrar la percha con sus leves gemidos, las acepciones completas de las concepciones de la palabra en concreto. Parecía indicar muestras de una pena dolosa por no haber participado plenamente en los fructíferos lances objeto de la segunda parte de la jornada cinegética. Sin embargo, sí se sentía partícipe de la misma por haber esturreado las patirrojas al principio de la mañana hacía las lindes, ribazos y arroyos, colaborando por tanto en la consecución de la percha obtenida. La ocasión merecía la pena de ser inmortalizada. Frasi, en contra de sus principios, echó mano de su cámara y, depositando con mimo las piezas obtenidas sobre la cobertura de pasto, eternizó los lances de la jornada de aquel catorce de octubre. Con independencia de las percepciones estéticas que Eufrasio aprehendía para sus posteriores recuerdos, cuando, llegado a su domicilio tras emprender la marcha de regreso al mismo, comenzaba a recordar una y otra vez los sucesos acontecidos durante la jornada de caza. Durante el regreso a su domicilio, Frasi soltaba una y otra vez sus pensamientos en voz alta como hubiese dicho su profesor Bustillo. Estos diferían de lo comúnmente establecido por sus compañeros u otros adláteres cuando soltaban todo su ingenio sobre la caza. La mismidad de la caza era para Eufrasio lo importante, al análogo tiempo que discrepaba sobre la finalidad u objeto de esta. ¿Por qué, si los humanos habían sido cazadores desde sus orígenes, no se podría considerar la caza como cultura en la que subyace un cierto rito necesario, según la finalidad que se pretenda ofrecer a las piezas cobradas? Por la noche, ilusionado con sus ensoñaciones, continuaba con sus acontecidas ilusiones. Al mismo tiempo recordaba lo sucedido durante la mañana, los lances, la pergaña, las muestras, etc. Volvía a soltar las riendas a su mente y pensaba que, pudiendo estar o no en lo cierto, pero al menos consideraba como probable la pregunta anterior. Necesario no es imprescindible, ya se han encargado algunas influencias mercantiles y políticas de que no sea así. Al menos es necesario para el control poblacional de algunas especies y también sería plausible que algún porcentaje de la sociedad, aunque sea ínfimo sintiera esas sensaciones, pero solo los que saben valorar gastronómicamente una perdiz salvaje debidamente aderezada, o cualquier otra pieza lejos de inoportunas manipulaciones y preparados industriales saben el valor real. Ya recordaba Eufrasio cómo algunos parientes cercanos le recordaban anualmente para las fechas de veda abierta ciertos guisados perdiceros regados con un buen Ribera del Duero. Sería pues otro punto de vista, un dejadme pensar solo y equivocado, pero por mí mismo. Frasi había escuchado que, en la universidad que se aprende sobre la filosofía, algunos doctos estudiosos aconsejaban ese «atrévete a pensar por ti mismo», el *sapere aude* de Horacio que popularizó Kant. Ya se encargarían otros de encarrilar los pensamientos de las personas hacia los redíles sociales pertinentes y poder envolverlos en la más devota de las docilidades. Frasi por el contrario volvía una y otra vez en sus ensoñaciones a desviarse del redil, a separarse de la sociedad al uso, como un ser a la deriva que es arrastrado por esta hasta los suburbios de la docilidad. Por eso, opinaba como el estudioso Óscar Moreno: «Cuando nadie me ve y me escucha, ¿qué puedo pensar yo si no fuera una mera parte de ese mundo que me rodea y al mismo tiempo me limita?». Pensar diferente y tratar de tener claro los conceptos con todas sus acepciones. Eufrasio intentaba poner en orden algunas de las cosas que había leído en los libros de la biblioteca de sus sueños, sobre los humanos, su antropología, los ritos, los mitos y un sinfín de los quehaceres en los que se han desenvuelto mujeres y hombres en su evolución hasta nuestros días.

# ¿La nocturnidad de aquel 14 de octubre de 2020 podría tener algo de filosofía de la cultura?

Volvía a soltar sus pensamientos e ilusiones, e intentaba recordar el origen de sus antepasados en su duermevela ilusionado, es decir, de los humanos, que algunas tesis los mostraban cazadores desde sus orígenes. Había indagado que de todos es sabido que la existencia de una especie es debida fundamentalmente a la supervivencia de esta.

La vida animal de los individuos que llegan a la edad adulta es el resultado de un proceso natural biológico: nacer, crecer, reproducirse y morir. Los animales están dotados genéticamente para realizar todos los ciclos de una vida con un aprendizaje previo limitado. En cambio, al género humano, su intuición y su genética no le permiten cumplir su principal cometido, su ciclo vital. La principal diferencia por tanto entre el humano y el animal está en el conocimiento, ya que su aprendizaje es ilimitado. Tenían pues un gran reto los humanos primitivos para poder ejecutar su ciclo vital y conseguir así la supervivencia de la especie.

Si se analizaba la prehistoria desde la aparición del *Homo habilis*, hace aproximadamente dos millones de años, y del *Homo ergaster*, hace millón y medio años, existía una teoría en la que probablemente este *Homo* fuera originariamente carroñero en su nutrición. Sin embargo, recientemente el estudio de un paleontólogo español,

Manuel Domínguez-Rodrigo, puede dar un giro sustancial a la teoría hasta entonces establecida. El planteamiento de Domínguez-Rodrigo ha consistido en volver a la que es considerada la cuna de la humanidad, iniciando nuevos estudios sobre la evolución del *Homo* en la garganta de Olduvai y terrenos adyacentes en el norte de Tanzania. En este lugar parece ser que se produjeron los primeros pasos evolutivos de nuestros antepasados los humanos.

El paleontólogo llevó a cabo dicha investigación, concretamente en el yacimiento de Peninj, en el que, después de realizar los correspondientes estudios geológicos y estratigráficos junto con los expertos Luis Alcalá y Luis Luque, corroboraron la existencia de grandes carnívoros en una extensa sabana en la cual competían ferozmente con nuestros antepasados, los *Homo habilis* por conseguir las proteínas suficientes para la supervivencia.

Debemos tener en cuenta que las criaturas humanas ya eran indefensas y necesitaban un gran aporte de proteínas para completar su ciclo vital. Esta hipótesis está basada en la aparición de restos de madera en los filos bifaces de piedra. Tras un análisis pormenorizado de estos vestigios dedujeron que habían sido utilizados como lanzas, habían sido preparados y conjuntados para un fin. El abatimiento de animales de gran tamaño y que no habían manejado las piedras simplemente. Hasta entonces se creía que las piedras habían sido utilizadas por sí mismas porque no se concebía la idea de que se pudiera aniquilar a un búfalo con los impactos de estas. Por eso la hipótesis de que los *Homo habilis* y *Homo ergaster* eran carroñeros. Esta presunción partió de Estados Unidos y pretendía no dar al ser humano ciertas dotes de agresividad y belicosidad que estarían acorde con las circunstancias y los medios que tenían para perpetuar la especie.

Se debe tener en cuenta que la competencia con los carnívoros y otros animales de gran tamaño no era solo por el aporte de proteínas para la nutrición, sino que existía una competencia feroz por el asentamiento, como es el caso específico del oso, aunque esta rivalidad por el carácter nómada de la especie fuera de cierta temporalidad. Recordemos que la lucha con el oso tenía una doble finalidad: la carne como aporte proteínico y la cueva para guarecerse de las inclemencias meteorológicas a veces tan adversas como era el caso en climas extremadamente gélidos.

A los restos de madera en las piedras se unió la aparición de restos de alimentos de otros animales en Peninj. Precisamente los desechos encontrados no eran los peores, como hubiera sido lo lógico si se hubiesen alimentado de la carroña de los carnívoros que competían con el Homo, sino todo lo contrario, los restos aparecidos eran los de mejores nutrientes, lo que nos lleva a interpretar que el *Homo ergaster* sí era cazador desde sus orígenes.

Al mismo tiempo descubrieron los distintos desplazamientos que realizaban, unos para conseguir la materia prima necesaria para sus lanzas, otros los realizaban para el tallado de estas y su confección, otros para transportar las piezas abatidas, indicándonos esta última circunstancia que las consumían de forma comunal. Para poder cazar animales de gran tamaño necesitaban hacerlo de forma grupal, surgiendo en esos momentos la imperiosa exigencia de organizar la actividad de la caza de forma colectiva, y esto lleva consigo el aumento y expansión de la comunicación, imprescindible para toda agrupación o colectividad. Consecuentemente podemos estar en estos momentos ante la aparición en el género *Homo* de las primeras sociedades humanas y por tanto de la cultura. La aparición de esa cultura humana trajo consigo la citada comunicación entre los *Homo*. Según Darwin no fue la palabra o *logos*, sino algo consustancial y habitual en el hombre y los animales, la voz o *phone*, y previamente a la voz, sus movimientos, sus acciones, comportamiento y gestos que expresan los diferentes estados de ánimo y manifiestan las emociones tanto de animales como de los homínidos. Estas acciones de caza que realizan los animales y los *Homo*, aunque nos parezca arcaica, se sigue utilizando en la actualidad. Basta con observar la naturaleza. Hoy en día este acechamiento u observación lo realiza solamente una minoría, solo las personas que están en contacto con el medio rural y además se han tenido que desenvolver en el mismo, aunque la finalidad haya sido distinta, algunos hombres para adentrarse en la rudeza de la naturaleza y otros, por ejemplo, para cazar, pescar, o recolectar plantas y semillas silvestres, mientras que en los animales estos hábitos y destrezas son innatas.

La mayoría de los humanos ha ido perdiendo esta sensibilidad de poder entender una comunicación distinta de la palabra. Pongamos un ejemplo: cuando estamos en el monte mimetizados y observando los animales que se encuentran a nuestro alrededor, ante cualquier circunstancia atípica de la naturaleza o de ese medio natural en el que nos encontramos, o cuando aparece en escena un depredador, águila, zorro, etc., emiten sonidos que alertan a los de su misma especie y al resto de la fauna. Otro gesto son los movimientos y expresiones no habituales en el comportamiento normal de la especie. Incluso se distingue perfectamente cuando se acerca una persona. Dos estrofas del cantaor José Domínguez Muñoz nos lo define perfectamente: «La mirla alcahueta advierte: algo viene que amenaza». Eufrasio podía corroborar esa afirmación en multitud de ocasiones, sobre todo en sus puestos de alba. La mirla o *Turdus merula* le alertaba de la presencia de cualquier persona antes de que se presentara en su presencia. Es el lenguaje del ave en la naturaleza la que nos grita y alerta de lo que para ellos puede ser un peligro. Todos estos mensajes han contribuido para que se produzca lo que se podría denominar los ritos de la caza en el ser humano. Es obvio que en el transcurso de la historia al hombre se le han ido transmitiendo los comportamientos y gestos recibidos de generaciones anteriores. Además de esto, en su genética también ha heredado la intuición, el instinto y los sentidos, como animal racional que es, aunque estos bastante menos desarrollados que los animales irracionales que los utilizan para la perpetuación de cada una de las especies.

Desde el *Homo habilis*, el *Homo sapiens* ha heredado toda una serie de conductas, gesticulaciones, simulaciones y ademanes de animales y de los mismos *Homo* precedentes. Un ejemplo de ello pueden ser los diferentes gestos de temeridad, de coraje, de embestidas, mimetismo etc., y que pueden relacionarse con la dominación territorial, de acecho de la caza, de persecución, de cópula con la hembra, de descubrimiento de herramientas, del uso del fuego, etc. Estos pueden considerarse como origen de los ritos de las diferentes acciones. Todas estas actuaciones se pueden representar de diferentes formas y además muy ceremoniosamente e incluso de forma mecánica.

Llega pues con el *Sapiens* cierto distanciamiento con respecto a otras especies de animales, e incluso se podría afirmar que el *Sapiens* ha ido apartando de su forma de vivir el instinto y ha hecho de los ritos una cierta forma de vida. A este conjunto de ritos de los *Sapiens* se le podría denominar cultura asumida. Sin embargo, el hecho de que haya ido apartando su instinto natural heredado no quiere decir que no tenga esa intuición transmitida en su genética, que en unos hombres pueden ser de menor calado y en otros de una mayor transmisión recibida.

Esta cuestión es fácil de demostrar. Nuestros predecesores los *Homos* se tenían que desenvolver en un medio extremadamente adverso. Como consecuencia de esto la selección natural que se realizaba era exhaustiva, quedando solo los más fuertes y siendo la vida media en algunos casos de apenas 20 años. No se puede negar por tanto que no todos los pertenecientes al género humano sean igual de fuertes o de inteligentes. Igualmente se puede afirmar que la intuición o instinto transferidos de los *Homos* no sea el mismo en los humanos, pudiéndose dar el caso de que en ciertos individuos de nuestra especie estos instintos se encuentren con un desarrollo bastante más elevado de lo que nosotros pudiéramos imaginar. En el más recóndito del ser del cazador dormita comúnmente una parte de animal salvaje que afila los colmillos del conocimiento y se le hace la boca agua con la simple detección de la pieza de caza para su aporte proteínico. Como podemos comprobar, esa fiera adormecida en el fondo de todo buen cazador a la que nos referimos expresamente es la genética recibida en cuanto al modo de comportarse en el medio natural y el poder utilizar el instinto y la intuición como modo de supervivencia.

Con la cultura tenemos pues un *Homo ritualizado*, que ha adquirido cierta técnica y que como consecuencia de esto se ha configurado en un sistema cultural en el que se define al individuo y a la comunidad, aunque podemos presuponer que el individuo ya había aparecido en el *Homo habilis* u *Homo ergaster*, por el hecho de admitir la colectividad o comunidad como forma de supervivencia, al mismo tiempo que se admite que el grupo lo forman varios individuos.

Es obvio que la asociación, el clan o la vida comunitaria es la razón principal y lo que ha hecho que el ser humano complete su ciclo vital, es decir, nacer, crecer, reproducirse y morir. Pero también es cierto que, a cada uno, hombre o mujer, y dependiendo de la fase en que se encuentre de ese mencionado ciclo vital, el sistema cultural establecido le señala para cada una de las facetas un rito diferente en el que se indica lo que puede y debe hacer cada individuo. Pero ¿qué ocurriría si alguno de esos individuos adquiere el conocimiento suficiente para distinguir la acción natural física y no quiere realizar el rito impuesto? Porque precisamente lo que ejecuta es la acción que dio lugar al rito y por tanto no deja de colaborar con el propósito de la colectividad, como se había referido anteriormente. El individuo no ha perdido su instinto o teniendo conocimiento de este se aferra por conservarlo y prefiere realizar la acción natural y así su colaboración con la finalidad de la comunidad contribuye a la supervivencia de esta.

La finalidad de los ritos es proporcionar a los hombres las verdades que los animales tienen por instinto. Los animales poseen su verdadera irracionalidad, pero no podemos olvidar que el humano es un animal racional, pero es al fin y al cabo un animal, y como tal puede conservar su instinto en mayor o menor medida, un instinto que como se había comentado se ha sustituido por el rito. Instinto y rito tienen pues el mismo propósito: la perpetuación de la especie. En el hombre como en los animales existe una acción natural indispensable para su supervivencia que es la nutrición. El *Homo* se abastecía por medio del cazador y del recolector. Para la recolección de semillas o plantas silvestres el esfuerzo y las destrezas requeridas no eran muy extenuantes, no exigía un vigor excesivo, y no precisaban de riesgos desmesurados, no así la caza. Por eso es más que plausible que en un principio los individuos con menor destreza y fortaleza física en general se ocuparan de la recolección y los seres humanos con cierta perspicacia y sacrificio físico procuraran el aporte proteínico a las familias o clanes. Estas circunstancias se daban con bastante probabilidad precisamente por un motivo esencial. En contra de lo que podríamos esperar la prehistoria tal vez provocaba que la carencia es inherente a la caza. Si retomamos nuevamente la historia que ha precedido al ser humano, aproximadamente en el 50 000 a. C., y si nos centráramos concretamente en el *Sapiens* que poblaba Eurasia y América, sería fácil comprobar, respecto a estas épocas y extensos milenios, que algunos prehistoriadores nos han transmitido que el hombre se ocupó principalmente de cazar, existiendo cierta controversia con respecto a la abundancia de caza. Los estudiosos de la prehistoria suelen aseverar que tras las épocas glaciares y postglaciares la existencia de la caza era muy abundante por las cifras que suelen arrojar los diferentes estudios. Pero debemos tener muy en cuenta que, como se ha reflejado anteriormente, estamos manejando cifras de milenios de años, y lo que en un principio pudiera parecer una superabundancia existente de animales susceptibles de poder abatir para la aportación de nutrientes, puede no serlo tanto, por lo que sería muy conveniente analizar esta situación.

En el yacimiento de Crôt du Charnier, en la Borgoña francesa, y en el cantón de Mácon-Sud, famosamente conocido como

Solutré, que dio nombre al periodo Solutrense, precedente del Magdaleniense y Altamirano, podemos encontrar probablemente el que sea el mayor yacimiento de caza. Según datos existentes se han encontrado restos de unos diez mil caballos silvestres. La forma de capturar y cazar a estos equinos era mediante despeñamientos, es decir, conducían a los caballos hacia lugares con caídas verticales y mediante el acoso de estos conseguían la precipitación al vacío de los animales objeto de caza. Esta forma de cazar lógicamente era colectiva. Lo que sí es evidente es que al grupo lo tenía que dirigir algún miembro que presumiblemente cumpliera ciertas cualidades o requisitos como, por ejemplo, cierta madurez, gran poder de observación de las costumbres de los équidos, una fuerza física superior, el planteamiento que seguir, etc. Se podría aseverar que estamos ante un acontecimiento elemental para la coordinación del grupo humano, la aparición del jerarca que dirige las diferentes formas de actuar para la obtención de nutrientes para el resto del grupo.

En el museo de Solutré se exhiben los diferentes elementos y se explican las técnicas utilizadas para dar una imagen real de la vida de los cazadores prehistóricos de dicho periodo. La cifra de caballos silvestres, unos diez mil ejemplares, nos puede llevar a deducir que es una cifra excesiva y abundante, pero si lo dividimos entre unos cinco mil años que se estima que es la duración de este periodo, arrojaría una cifra ínfima realmente.

Análogamente ocurre en la Drachenhöhle en Estiria, Austria, comúnmente denominada Caverna de los Dragones, en la que Hugo Obermaier, paleontólogo alemán nacionalizado español, basándose en teorías de Othenio Abel, paleontólogo austríaco que investigó *in situ* en la Caverna de los Dragones, ha llevado a cabo estudios que arrojan datos referentes a osos cavernarios. Se han hallado alrededor de unos treinta cadáveres de osos que no fueron abatidos por cazadores sino de muerte natural. Si estamos hablando de un espacio de tiempo que abarca desde la época del Paleolítico superior (periodo solutrense hace unos veinte mil años), hasta el Mesolítico postglacial (periodo magdaleniense reciente, hace once mil años), arrojaría un resultado de aproximadamente tres osos por año. Es evidente que la superabundancia de caza no era tal sino más bien la escasez de esta era lo habitual también en la época prehistórica.

Se podría afirmar por tanto cierta magia paleolítica, prueba evidente de que el hombre del Paleolítico se ha preocupado de la existencia de la caza, ha procurado que las especies se puedan reproducir, realizaban ritos representativos para asegurar la perpetuidad de las especies cazables y susceptibles de procurar alimento. Este hecho se puede observar claramente en las pinturas rupestres de la cueva de Altamira, donde nuestros antepasados quisieron plasmar en sus paredes la magia de la fecundidad representando un animal vacuno o cérvido pariendo. Para realizar y conseguir este fin tenían que darse varias circunstancias. En primer lugar, que existiesen piezas; en segundo lugar, que el cazador pueda encontrarlas; y por último, que las artes utilizadas —lanzas, trampas, despeñamientos, lozas, redes, dardos, flechas, etc.— fueran eficaces a la hora de procurar el animal objeto. De la misma manera estampaban en las paredes y techos de las cuevas lo que era el lance de abatimiento del animal, pintando una o varias flechas en su cuerpo. Este acontecimiento junto con el avistamiento de la pieza era lo más importante para la tribu. Tanta importancia tenía este trance de visualizar la pieza y su captura que es muy probable que el cazador ocupara un lugar privilegiado dentro de la comunidad y fuera considerado como una especie de salvador o protector venerado por el resto de los componentes de la etnia. Disertaba Eufrasio para sus adentros entre lo que pudiera ser el rito o el instinto de este cazador. Tenía o tiene unas dotes y virtudes especiales distintas del resto del grupo, como es el desarrollo de sus sentidos, que estarían sensiblemente más agudizados, adquiridos mediante una observación extrema de la naturaleza, y que le proporcionarían una intuición, técnica y aprendizaje suficiente para procurar alimentos a la comuna.

El humano que se podría describir con anterioridad necesitaba o necesita ciertos elementos y características que lo diferencian sustancialmente de los del resto del grupo, a saber: en primer término y fundamentalmente, la visión y observación, poder realizar la imprescindible distinción de la pieza o animal; en segundo término, la agudeza fónica; en tercer lugar, tener la suficiente fortaleza física para llegar al animal, y por último, que los utensilios escogidos sean lo suficientemente eficaces para poder abatir la pieza o res.

Si analizamos objetivamente estos componentes característicos detallados, coinciden plenamente con los elementos representativos de los ritos como son los elementos kinéticos, los elementos cromáticos, los elementos instrumentales y los elementos fónicos. Todos ellos detallados como elementos esenciales en la antropología filosófica. En la caza podemos aseverar que se cumplen prácticamente con todos los componentes de los ritos y al mismo tiempo era elemental para la subsistencia del *Homo sapiens*, pues, tal y como se menciona anteriormente en la presente exposición, los ritos abastecen al ser humano de las verdades que el mundo animal posee por intuición, por su propia naturaleza.

Mediante la realización de los ritos los hombres han ido adquiriendo la suficiencia necesaria para poder tener un dominio real de sí mismos, controlar el medio, la identificación del clan, constituyendo las originarias afirmaciones del propio hombre, de sí mismo y del orbe que le rodea. Toda esta amalgama de circunstancias ha contribuido a que en un orden primigenio aparezcan la comunicación y el lenguaje, las cuales han alcanzado y se han adueñado nada más y nada menos que de la cultura.

En las afirmaciones originarias del hombre por sí mismo, de su descubrimiento como tal y del mundo que le rodea asciende en un primer orden el *nous*, nombre originario con el que la cultura occidental denominó a la inteligencia. En los distintos ritos que el hombre ha realizado y realiza en la actualidad se distingue cierta semejanza entre unos y otros, por ejemplo, el ritual de la caza del oso con la misa católica. Esta a su vez guarda cierta similitud con la pipa de la paz de los indios sioux de las praderas del norte de América. Y aunque estos ritos sean el origen y el fomento del sistema cultural y social, Eufrasio se disponía a continuar y seguir analizando la autoconciencia del sujeto con el rito de la caza por sí misma, y el reconocimiento entre los sujetos de la caza. Sobre la identidad de la caza sería conveniente, según las ilusiones de Eufrasio, seguir analizando una posible y distinta visión, es decir, otros planteamientos. Seguía con sus elucubraciones y opinaba que la caza es un enfrentamiento de dos estructuras perfectamente diferenciadas de instintos, es consustancial a la caza misma. En ella se enfrentan el animal objeto de captura y el animal o humano que procura la pieza. Pero, para que esta circunstancia sea caza, es preciso que la pieza procurada tenga los suficientes mecanismos de destreza o intuición para contravenir a los que emplea su perseguidor para el apresamiento correspondiente del animal. Se debía tener muy claro este concepto, porque, en caso de no concurrir las condiciones especificadas, no sería caza. Para denominar el enfrentamiento entre dos animales iguales tendríamos que utilizar el término *lucha*, y si la diferencia entre los animales, como es el caso de la domesticación, fuera de una dimensión exagerada, tendríamos que hablar de ganadería.

En esta época, y se refería Frasi al final del Paleolítico, hace unos veinte mil años a. C., es muy probable, y ya en el Mesolítico postglacial, hace unos once mil a. C., periodo Magdaleniense reciente, y finalmente casi con toda seguridad en el Neolítico, hacia el 9000 y 7000 a. C., el género humano que cultiva el suelo y ha domesticado animales no precisa de los menesteres venatorios para su nutrición. Descargado el ser humano de esta necesidad imperiosa, el hombre del neolítico ha adquirido cierta riqueza, porque existe en verdaderas sociedades en las que, como es habitual, cada comunidad se encuentra formada por clases en las que se pueden distinguir al menos y en un principio, categorías superiores y categorías inferiores.

Es lógico que las de orden inferior, para poder adquirir el sustento pertinente, tuvieran que realizar un trabajo o labor, unos menesteres que ocuparían la mayor parte su tiempo. Esta coyuntura de tener ocupado la mayor parte de su existencia les impedía al menos parcialmente ejercitar esa parte de intuición animal que el humano ha heredado genéticamente y que originariamente utilizaba para cazar.

A pesar de la dificultad que tenían ciertas clases para realizar el ejercicio venatorio, esto no impedía en su totalidad la ejecución de algún tipo de caza. Según nos apunta Ortega, la prueba de ello la contaba Lucio Flavio Arriano, conocido como Arriano de Nicomedia, un filósofo e historiador griego que en uno de sus textos, titulado *Cynegetikós*, quizás de los más antiguos sobre el arte de la caza, hacia el siglo II de nuestra era, nos describe de forma exhaustiva y separadamente las diferentes formas de cazar de los poderosos, de la clase media y la plebe. De esta descripción podemos realizar la siguiente lectura y conclusión: prácticamente todas las clases sociales cazaban.

Como consecuencia de estas circunstancias sobreviene un conflicto de intereses, dada la escasez de caza que ha existido desde la prehistoria. Ante las disputas planteadas, los poderosos tienden a limitar las acciones venatorias de las clases inferiores, apareciendo el universal privilegio de la caza. Tal es el rango adquirido que se comienza a regular su práctica con normas y leyes. Y como consecuencia de la aplicación de las normativas nuevas y leyes reguladoras, surge uno de los grandes problemas de la sociedad: el odio a veces inverosímil entre la plebe y los dirigentes, reyes, aristócratas, etc. Una prueba evidente la tenemos en la no muy lejana Revolución francesa, en la que se prohibía al pueblo la práctica cinegética. Thomas Paine, en su libro *Los derechos del hombre*, hace referencia a la caza en varias ocasiones, y Karl Marx, quería recordar, Eufrasio, en sus *Manuscritos económicos y filosóficos* argumentaba y defendía que no debía perder cualquier bienestar que el hombre había adquirido, la división y la enajenación del trabajo era uno los grandes lemas que reivindicaba. A la caza le había pasado algo parecido. Frasi pensaba que la división y la enajenación de la caza era perjudicial para ese cazador de a pie. Había logrado al menos dos cosas muy negativas para la caza y los cazadores de buen corazón e intenciones. La división de la caza en sus distintas modalidades por parte de la Administración y de los enajenadores de la caza que la habían encarecido, además de lograr el enfrentamiento de unos practicantes con otros. En primer lugar, Frasi estimaba que la división exhaustiva en las diferentes modalidades originaba más presión cinegética sobre las especies objeto. En segundo lugar, que mediante la enajenación de esta era la presión económica que se ejercía hacia los cazadores, llegando a precios algunas modalidades fuera del alcance de gran cantidad de ellos. Opinaba Frasi que, en muchas ocasiones, especialmente con las aves de paso, se pagaban puestos por la nada. Eufrasio pensaba que el cazador, cuando adquiere el derecho cinegético sobre un terreno, ha de procurar el derecho sobre todas las especies cazables en el citado espacio de caza. Ya el cazador, en su más amplio sentido de la palabra, se encargaría de poder apropiarse de las piezas cazables al efecto. Sobre las que no pudiera abatir, esa *res nullius* tan apetitosa, ahí quedaba para su aprovechamiento de otros cazadores en otros lugares, o para deleite y observación de la naturaleza. La división y enajenación de la caza ha contribuido con el encarecimiento de esos derechos, tanto que existen multitud de cazadores que no pueden afrontar ese enaltecimiento dinerario. Nuestro país había contribuido con sus pragmáticas sanciones y ordenanzas municipales en un pasado reciente, distinguiendo en su momento al cazador en función de su clase social. Ahora con leyes que rayan lo absurdo en la actualidad, entre otras cosas porque las han confeccionado personajes que no saben ni como se caza de forma natural ni tienen idea del rito cinegético, del paso del tiempo y del hecho que desde el neolítico el hombre ha dejado de ser cazador para convertirse en matarife, a saber, cuál de las dos posiciones es más o menos cruenta, siendo esta última admitida y la primera no. Esta es una observación que el hombre actual, arrastrado por la *doxa* u opinión, no es capaz de discernir. El ser humano actual no piensa, o piensa mal, tergiversa las cosas a pesar de que teóricamente tiene más conocimiento que el neandertal o el *Sapiens*. A pesar de su hacinamiento cultural se produce una paradoja automática que Ortega describe como «rebarbarización de la humanidad». Acontece una cierta analogía con la distinción orteguiana respecto de la obtención o captura de animales, incluidos los peces, y en la adquisición de plantas, semillas o frutos.

En ambos casos, en cuanto nos apropiamos de ellos, seccionamos su existencia, y una vez que estas especies han nacido y crecido, cuando llegan a su madurez nos apropiamos de ellas para realizar plenamente el proceso nutricional necesario para la supervivencia de la especie humana. En cierta forma lo que hacemos es que prevalezca nuestro nacer, crecer, reproducirnos y morir sobre el de los animales y plantas. Otro caso similar lo realizamos con el agua, por ejemplo, cuando alteramos y seccionamos un río, un manantial, un pozo, etc. para nuestra hidratación. En cualquiera de las formas siempre alteramos la naturaleza, por mucho que nos empeñemos en que unas sean más perjudiciales que otras. El ser racional del hombre lo que debe procurar siempre es coger lo justo y necesario para vivir paralelamente con el medio natural, sin agresiones que menoscaben la existencia del hombre en la naturaleza.

Eufrasio, impulsado por estos valores, advertía no pocas veces el posible concepto erróneo de la caza. De esa forma confesaba que, desde su humilde punto de vista, superficial y algo rudimentario respecto a las múltiples teorías y reflexiones orteguianas sobre la caza existía una gran afinidad, salvando como es lógico las distancias, y muy concretamente en sus meditaciones y estudios sobre la caza. Del mismo modo recordaba como es natural que en estas mismas circunstancias se encontraban personas de suficiente prestigio y conocimientos, como era el caso de Gustavo Bueno, que en su prólogo al libro de Alfonso Fernández Tresguerres, titulado *Los dioses olvidados*, así lo reconoce, comentando los resultados importantes que Ortega había conseguido con sus definiciones y empeño de *cazar la caza*, aunque lo critica acusándolo de platónico influenciado por el esencialismo de Husserl, preocupado por conseguir mismidades inmutables. La ínfima diferencia que Eufrasio mantenía con Ortega era que después de diferenciar la caza como necesidad y trabajo necesario en la prehistoria hasta prácticamente el neolítico, en el que aparecen la ganadería y la agricultura. En el momento de su discurso se decantó el filósofo hispánico por una denominación quizás más afín al deporte, admitiendo al mismo tiempo la mismidad de la caza.

Eufrasio se atrevía a pensar que esa afinidad al deporte denominado por Ortega no era más que un rito desvirtualizado, un rito que, aunque en su esencia coincide con la acción de cazar originaria, no lo es en su concepto y en la mente de algunos que la practican. Frasi consideraba que, aunque Ortega asociara a la caza con el deporte, la mayoría de los practicantes deben tener ideas propias acerca de lo que es la caza misma, no que se dejen arrastrar por un cúmulo de opiniones y delimitaciones de las Administraciones, que puede ser fruto de la opinión de una tradición, mal recordada al más estilo de las tesis de Evémero.

Con el paso de los miles de años, esta se encuentra totalmente fuera de lo que fue su contexto originario, es decir, considerar ahora que la caza no es caza sino un deporte. A Eufrasio, aunque mantenía valores deportivos en sus quehaceres cinegéticos, no le gustaba competir con nadie, solo retar a la fructífera naturaleza mediante lances repletos de una ética y una estética cazadora. No comprendía cómo la mayoría de los practicantes pudieran tener un concepto equivocado del rito de la caza, lo consideraba como un desastre hacia la filosofía de la cultura. No estimaba que este proceso fuera por falta de intelecto o desconocimiento, sino fruto de una manipulación de la sociedad por parte de los dirigentes pertinentes.

Eufrasio lo que peor llevaba del asunto en cuestión no era que la mayoría de los practicantes tuvieran un concepto equivocado del rito por los motivos del mangoneo conceptual de la caza, lo que le resultaba a Frasi casi inadmisible era que muchos dirigentes banderizos, que en el caso que nos ocupa es la comunidad regional, pues es esta la que tiene cedidas las competencias, tengan la misma concepción errónea de la caza, considerarla como una actividad deportiva. Estimaba que *sus señorías*, desde sus artificiales despachos ordenados y climatizados, tomaban decisiones difíciles de digerir por el mundo de la naturaleza. Tal vez pocos han sido cazadores, y los que se hacen llamar hermanos en la distancia de San Eustaquio mártir y patrón de las tempestades, tal vez no han sufrido el miedo de la noche en solitario de un aguardo nocturno, el frío intenso que se cala hasta los huesos, no han soportado el tórrido y asfixiante calor del verano andaluz, el cansancio extenuante en la besana detrás de las perdices, el dolor en los músculos ante horas de mimetismo y quietud, los pinchazos a veces desgarradores del monte al perseguir una pieza. Dudaba Frasi que, si alguno hubiese soportado alguna de estas adversidades, perseguido de lances manifestando la sensibilidad de sus ideas, llenar la olla con una suculenta sopa de liebre o aderezar un puchero con una perdiz autóctona y su tocino salado. Veía Eufrasio difícil que le encontraran analogía entre la caza y el deporte. Estaba más por la labor de una relación que fuera asamblearia, recíproca y contestaria entre administradores que no saben ni lo que es *una garrocha de sol* y los cazadores administrados, como denominaba Philip Pettit en su teoría sobre la libertad y el gobierno. Todo lo demás son dictaduras democráticas, el ordeno, mando y «callados, que no salís en la foto». Para ellos esto sería una utopía, pero Eufrasio soñaba una y otra vez con que los que ocupan sillones influyentes al menos escucharan y actuaran en consecuencia con esos cazadores, digo de sentimientos nobles, aunque sus viperinas lenguas a veces nublan su existencia. Ocurre que la caza y su rito precisa lo que Heidegger solicitaba para la filosofía, una profunda «deconstrucción», volver a sus orígenes, aplicarle una hermenéutica férrea, volver a interpretar nuevamente el rito y comprobar si coincide la caza de nuestros días con la del *Homo* prehistórico. Desde la opinión de Frasi se podría aseverar que efectivamente la caza en su forma difiere solo en pequeños matices de la de nuestros ancestros, tal vez en las armas que se emplean y poco más, la finalidad es la misma.

Alfonso Fernández Tresguerres afirma esta tesis y se decanta más por la fenomenología de Hegel, de cómo se caza, pero Frasi estimaba que no era pertinente el dividir la caza nuevamente en dos tipos debidamente diferenciados: la caza radial, en la que se persigue el aporte de proteínas; y la caza angular, en la que la razón primordial ya no es la nutrición, pero, si se mantiene el rito, las artes, las mismas formas ancestrales, visualizar, perseguir y abatir la pieza. Aparecía por tanto en estos momentos una nueva disyuntiva, las diferentes denominaciones, aparte de los conceptos sobre la actividad cinegética a los que hemos llegado después de un vasto y milenario recorrido prehistórico parece pues que no convencen demasiado. Al menos a estos no se les pregunta, a los que practican la caza natural, la caza misma y el rito ancestral. No se les ha tenido en cuenta al menos a algunos cazadores.

Eufrasio argumentaba desde su visión interna de la caza que, cuando un cazador, tras recorrer varias leguas por una haza desfondada, con una pergaña en cada bota de más de dos kilos, con una lluvia incesante, fuertes rachas de viento y con una temperatura de casi 0 grados, cuando se levanta una perdiz, tras la maravillosa e innata muestra del perro, en todo su cuerpo desaparece el dolor, el cansancio, el frío, cuando se produce un cierto éxtasis placentero, cuando el corazón emocionado se acelera hasta casi la extenuación y la escopeta de su padre se perfila al encuentro del vuelo raudo del animal, cuando su consciente ve el abatimiento del pájaro, cuando observa con atención el cobro del perro y la perdiz la cuelga en la percha, en ese preciso instante y antes de efectuar el disparo, las voces de la opinión de Parménides nos dice altivamente: «¡Alto! Antes de disparar dime: ¿qué deformidad del rito de la caza has elegido, el natural, el deportivo, el radial o el angular?». El cazador hace caso omiso a la opinión infundada, aplica toda su sabiduría cazadora, abate la pieza, la prepara con un ritual ceremonioso, como el culto a una diosa, y la sirve como un manjar aportando la más sublime nutrición a su clan. Esta es la conciencia del cazador, es innata, en ella perdura la intuición del *Homo* ancestral, es la que elige el rito de la caza en su más pura y sublime esencia originaria, es la que escoge la necesidad del rito, el trabajo fatigante. Para el cazador todos los días son laborables, no los distingue de los festivos, solo el periodo de veda le impide realizar su verdadera vocación, y este no lo desperdicia cinegéticamente, sino que lo aprovecha para la observación de la naturaleza. Este hecho también es caza, y todo esto es cultura, una cultura oculta que la sociedad actual no es capaz de vislumbrar. Eufrasio estimaba en definitiva que el cazador es hombre alerta, y por tanto no necesita de ninguna celebración. En la actividad cinegética que realiza lleva consigo la misma celebración. Para el cazador el rito de la caza es una pura y simple adaptación biológica y cultural con internas sensibilidades estéticas.

# Aluvión de lances inesperados

*17 de octubre de 2020*

Para aquella jornada Eufrasio, ante la insistencia de las paradas en la venta, para algunos miembros de la cuadrilla casi obligatoria por sus afilados colmillos estomacales, había preparado unas viandas simples, pero para los devotos de la buena mesa, realmente exquisitas, consistía en unas carrilladas de cerdo ibérico de bellota al vino tinto que, con pacientes hervores, había preparado la jornada anterior y que degustarían al término de la cacería. De la bebida, los sedientos miembros de la partida procuraron las pertinentes, aunque a Frasi las posibles ingestas de bebidas alcohólicas las dejaba para degustarlas en su domicilio. Opinaba como un maño al que conocía. Pregonaba este que, cuando se tiene sed, se ha de beber agua. El vino o una buena cerveza es para la correspondiente degustación y acompañado si puede ser de componentes culinarios. Beber por beber no tenía objeto para nuestro cazador. Componía la camarilla cinegética ese día, aparte de Frasi, Óscar, Federico, Félix, su hijo y Elías, al que no acompañaba su sobrino. Como casi siempre Federico, que parecía el mejor enterado de las tácticas, diseñó la estrategia. Pretendían cazar la misma zona que el primer día hábil de la temporada, una zona compuesta de hazas de tierra calma, un carcavón originado por una gravera, olivos, frutales y un arroyo con mucho taraje, pero con el cauce seco. Se podía atravesar con cierta facilidad salvando solo la frondosidad de los arbustos que lo contorneaban. Federico y Frasi se dirigieron hacia la cárcava atravesando en primer lugar una tierra calma bien desfondada, óptima para que las perdices pudieran aguantar amonadas. Pero, al irrumpir en la misma a primera hora, las perdices apeonaron con facilidad hasta salirse de las hazas. Federico, con buen criterio, pateó el carcavón que lindaba con los frutales que se encontraban debidamente delimitados. Frasi, en paralelo con su compañero, terminaba de patear la besana de tierra calma llegando a un pequeño arroyo que hacía de linde. No hubo andado unos cincuenta metros, el perro de Frasi, que iba laceando muy bien, se percató de un caliente, en una de sus guías a las patirrojas, sin llegar a la muestra, el estrepitoso vuelo de un pájaro rompió el silencio de la mañana. Frasi se reportó en el disparo y abatió la pieza sin dificultad. Federico subía en esos momentos una de las paredes de la depresión y se dirigía hacia la linde limítrofe a los frutales. Frasi continuó hasta el final del arroyuelo y giró brevemente por una pequeña linde hacia su izquierda. Koran esta vez sí que pudo hacer una breve muestra y la perdiz se arrancó rastrera buscando los olivos que quedaban a la izquierda de Eufrasio. Certeramente el dueño del perro se pudo hacer con la pieza procurada al efecto. Federico a cada lance de Frasi apresuraba el paso cada vez con más ímpetu. El ritmo que le imprimía a sus piernas era digno de los buenos deportistas de marcha. Frasi, por el contrario, aunque lo intentaba, sus extremidades inferiores no daban más de sí, sus pasos eran cortos y lentos con respecto a Federico y el resto de sus aliados cinegéticos. Habían dado ya el giro para encararse nuevamente hacia los coches y se encontraron con el resto de la partida, que habían pormenorizado las calles del olivar, incluidos unos garrotes que complementaban la producción de aceitunas que se molturaban en el molino anualmente. Frasi, que por su situación en el acotado tenía que batir menos terreno, volvió sobre sus primeros pasos a la besana desfondada y probar suerte de nuevo en los grandes terrones que había dejado el arado. Federico, con su alegre dinamismo, rodeó a Frasi y también volvió sobre su inicial recorrido. En mitad de la besana de las glebas de tierra, Koran se quedó de muestra y un nuevo pájaro inició el vuelo a ras de tierra. El derribo de este se produjo casi al instante del disparo, pero, al haber sido demasiado largo, la pieza en cuanto tocó el suelo salió apeonando con rapidez. El auxiliar de caza de Frasi, que había emprendido la carrera al instante de la detonación, no perdió de vista en ningún momento la pieza. Tras una larga persecución cobró la misma sin dañarla lo más mínimo. Frasi notó que Federico se había encaminado nuevamente hacia los coches, al parecer las piezas cobradas por los demás componentes de la partida, incluido Federico, era exigua. Solo uno de ellos había tirado una liebre y la había cobrado. Gestos desde la distancia observó Frasi que le hacían para que se dirigiera también a los coches, pero, cuando iba a mitad del haza que los separaba, su perro comenzó a guiar nuevamente y dos perdices amparadas en los terrones salieron como disparadas por un cohete. Frasi utilizó su arma para intentar abatir alguna, pero la distancia era demasiado larga como para poder detener la inercia que llevaban las gallináceas. Algún que otro componente de la cuadrilla murmuraba acerca de la suerte que estaba teniendo Frasi. Ninguno de ellos, perdiceros de postín, había podido detener el vuelo de alguna de ellas, por distintos motivos sus perchas brillaban por la ausencia de patirrojas. El autoproclamado jefe de la cuadrilla, al encontrarse entre los que se encontraban bolo, decidió unilateralmente no seguir cazando en esa zona y cambiar hacia otra que era más prolífera de potenciales piezas de caza. Meterse en lo lleno se llama. Todos acataron su decisión para probar suerte en aquellas demarcaciones del acotado. Como Frasi llegó en último lugar a los coches, mientras desarmó la escopeta y subió al perro en el remolque, el resto de los correligionarios cinegéticos emprendieron la marcha hacia el otro lugar. Cuando arribó Frasi al nuevo sector del coto, Federico ya había compuesto la cuadrilla en una collera y un trío. Frasi quedó deshermanado en esta ocasión y como era de esperar la estrategia se decantaba más beneficiosa para la triada y el binomio de cazadores. Federico y el hijo de Félix se encaminaron por un lindazo muy querencioso para las perdices, máxime cuando ya el sol se encontraba en su máxima cresta posible. Óscar, Félix y Elías comenzaron la mano por el lado opuesto. A Frasi solo le quedaba tirar por la calle de en medio, un hipotético paseo en la besana que demarcaba el ancho y largo camino que se asemejaba a un enorme descansadero de ganado. En su lado izquierdo se encontraba bien repleto de arbustos, incluidas algunas zarzas. Cuando Frasi comenzó su nueva andadura por el acotado, el resto de los cazadores ya hacía un buen rato que habían salido. Este había preparado nuevamente los útiles correspondientes con la debida parsimonia. La canana, bien ajustada al cinto; la escopeta y la mochila, con un poco de agua para Bruma, que reemplazaría a Koran para el resto de jornada. La perra, que tenía menos pies que el perro, era muy fija en sus muestras, difícilmente realizaba una de ellas sin que la pieza estuviera amonada. La trayectoria de Frasi se alentaba anodina, un recorrido por el haza que dividía la linde del coto con el camino de referencia que, por su labor agrícola, se encontraba rala de vegetación y de otros componentes miméticos para la ocultación de cualquier especie cinegética que se preciara, digna de una degustación culinaria. En esta argumentación como es obvio se incluía a las pretendidas perdices, objeto de la inconsciente pretensión del perdicero más locuaz, término este del que, al igual que Federico, eran beatos practicantes tanto Elías como Óscar, Félix y su hijo, pues al término de las jornadas solo para ellos prevalecía el que ostentara la hegemonía cinegética en cuanto a la categoría aristotélica de la cantidad. Lo de la estética cinegética y el discernimiento o prudencia acerca del gusto kantiano, conceptos que, al tener las letras gordas, pasaban desapercibido para ellos, a excepción de Quico, que también cazaba con paralela. Al mismo tiempo que eran en general buenos cazadores de perdices, no llegaban a establecer la concordancia entre praxis y estética. Una cosa es actuar con fines cuantitativos sin apreciar otros valores subyacentes y otra distinta es tratar de realizar prácticas que llenen el alma y el corazón de finalidades acordes. Unir en definitiva dos vertientes filosóficas, llegar a la razón vital orteguiana enlazada a la estética kantiana, y así poder disfrutar plenamente de la interpretación sensible de nuestras ideas. Un ser humano realizado en su plena existencia, lejos de la industria cultural que le rodea y amordaza para que pueda dilucidar acerca de su existencia y finalidad como eso que precisamente es, un ser humano. Pero un ser homínido liberado de estereotipos impuestos y libre de cualquier dominio, sobre todo en lo concerniente a lo constitucional y gubernamental, pues Frasi dudaba de esa legitimidad cerrada a ciertos bipartidismos con necesidades de febriles mamporreros políticos que nos imponen criterios sin tener en cuenta que un liberalismo político y democrático ha de ser como mínimo asambleario, recíproco y contestatario. ¿De qué le valdría al ser humano la libertad pregonada en las sociedades actuales si el democrático número circense se limitaba al simple hecho concordante entre una de las afirmaciones de Philip Pettit? Argumentaba Pettit que una vez Marx, influenciado tal vez por Rousseau, afirmó que los británicos solo eran libres en tiempos de elecciones. Y un ministro conservador, Lord Hailsham (1907-2001), entendía que el sistema operaba como una dictadura electiva, un régimen en el cual la gente va a las urnas una vez cada cuatro o cinco años e instala un dictador sin controles y a tiempo limitado. «Estoy del lado de ambos —argumentaba el politólogo—, pues pienso que una verdadera democracia requiere un permanente involucramiento de los ciudadanos, no solo un involucramiento en tiempos de elecciones. La democracia no debe de ser solamente electoral, sino también contestataria; de otro modo, la libertad está en peligro. En el viejo lema republicano —continuaba diciendo Pettit—, el precio de la libertad es su eterna vigilancia».

Una vigilancia que olvidamos con facilidad, sobre todo por no tener en nuestra mente la conceptualidad de una democracia mas próxima a los fundamentalismos de sus orígenes. Solo vemos en nuestro intelecto lo que a nuestros ojos enturbiados le informan, la democracia realmente existente, que difiere ostensiblemente del supuesto liberalismo político que se pregona en la actualidad. Los Gobiernos distorsionan la interpretación de las palabras cuando mandan los partidos políticos. La devaluada justicia la asocian a cualquier ley. De todo esto tenemos múltiples ejemplos, y por supuesto la codiciada jurisprudencia al menos cambia su rumbo hacia lugares manipulados e insospechados.

Frasi era incorregible: tan pronto apartaba su mente de la finalidad cinegética como hacía volar su intelecto hacia esos lugares imaginarios de la misma. Recordaba en estos casos cosas que había leído y anotado en algunos libros raros que por casualidad había leído en la biblioteca, libros que al parecer hablaban de algo muy raro y poco frecuente, de filosofía política o algo parecido. Él se limitaba a tomar algunas notas de lo que exponían y que guardaba casi en secreto, porque no le entendían cuando intentaba repetir algunas de esas anotaciones que había ido tomando. Con esos recuerdos y pensamientos una y otra vez se decepcionaba de la sociedad en general por encontrar serias discrepancias entre lo que debería ser una democracia. El poder radica en el pueblo, no en un partido político, de lo que verdaderamente nos quieren instruir acerca de la misma. De esa forma, en su peregrino deambular cinegético, se apartó del camino principal porque era más probable que se levantara alguna pieza, y no pretendía tener ventaja de lo pateado de sus compañeros, sobre todo por el lado izquierdo; si lo hubiese hecho por el lado derecho con menos forraje, los arbustos y los zarzales habrían impedido la visión de las plausibles piezas susceptibles de levantamiento. Las hipotéticas piezas no se mostraron ante la mirada de Eufrasio por la travesía de la besana que se situaba paralela a la linde del acotado que, Óscar, Félix y Elías habían decidido patear, aunque este último desertó de la terna, fue de resultado escaso infructuoso o nulo. No así la de Federico y el hijo de Félix, que sí habían realizado algunos disparos a perdices, aunque el compañero de Federico no llevaba perro alguno. Quico si tenía buenos perros de muestra y ambos disfrutaron de sus paradas. Frasi, cuando había terminado de recorrer el haza paralela a la linde del acotado sin ver una pluma, realizó un giro por un regajo que se contorneaba por su izquierda. Óscar y Félix se perdieron de su vista por mor de un cerro que los ocultaba, y según la estimación de Eufrasio continuaron por la linde. Al principio del arroyuelo, un frondoso zarzal camuflaba un pequeño charco de agua donde Bruma bebió un poco. Terminado este, la masa arbustiva era sustituida por malas hierbas y algunos juncos no muy altos. Bruma realizó una muestra firme. Frasi se detuvo y esperó un tiempo prudencial, pareciendo que el lance era interminable. De nuevo Eufrasio se reportó de forma ortodoxa para incremento de su morral. Tras el cobro de Bruma y la correspondiente fiel entrega a su amo, se dio por terminado el lance. Murmuraba Frasi para sus adentros que los perros de caza poseen una fidelidad hacia los que les proporcionan la realización plena de sus instintos ancestrales, una maravillosa misión. ¡Que alegría da al cazador verlos contentos y disfrutar de los lances al mismo tiempo que su dueño! Eufrasio, continuada la marcha por el regajo que a veces se desparramaba en su anchura formando desde la distancia un modelo serpenteante que lo hacía un paraje bello, los caprichos de la naturaleza, que, perdiendo la rectitud de líneas y contornos próximos a fracciones de continuadas circunferencias, ganan en belleza para deleite de quienes se desplazan por ella como besándolas a cada paso efectuado. Proseguía nuestro cazador la marcha por aquellos parajes cuando, a menos de cien metros de la muestra anterior, la perra vuelve a ponerse de muestra, más firme aún que la anterior. Frasi ya dudaba de que fuera otra perdiz y se le antojaba que esta vez sería un caliente de alguna pieza que había apeonado con anterioridad a la llegada del binomio cazador. Con la perra inmóvil, Frasi se fue acercando, sin esperanza de que hubiese pieza alguna camuflada entre la mata de palmito que Bruma señalaba con su cabeza. Casi la tiene que pisar para que saltara de su eventual refugio. Sin embargo, el estrepitoso vuelo, acompañado de su acompañamiento laríngeo, sorprendió a Frasi hasta hacer que fallara el disparo a tenazón. El pájaro le había robado el espíritu de la templanza y se marchaba hacia las quimbambas, hasta que Frasi hizo hablar el caño izquierdo de su paralela. La distancia de la pieza era ya considerable cuando la munición hizo impacto en el hermoso cuerpo de un macho de perdiz precioso. El largo recorrido que se produjo de los plomos de séptima fue el culpable de que la pieza cobrada por Bruma mantuviera casi intacto su bellísimo plumaje. Como apuntaba el tío Juanelo, ¿existe satisfacción más grande cuando un cazador levanta por el gañote esas gallináceas que nos hacen perder el sueño por las noches y pasar frío en los puestos? Con el rabillo del ojo vio Frasi una silueta que se desplazaba hacia él por un lindazo que remataba en el mismo arroyo que llevaba en su recorrido. Aunque la distancia era considerable, por su fisionomía sin duda alguna era el hijo de Félix que se dirigía al vértice de la confluencia entre la linde y el regajo. Momentos después Federico hacía aparición de frente por el mismo arroyuelo que Frasi se disponía a seguir cazando. Un tácito pacto entre caballeros hizo que la triada compuesta por las dos visiones cazadoras más la escopeta de nuestro protagonista, al faltarles una distancia de unos cincuenta metros de la confluencia entre las tres direcciones, casi al unísono cada uno de los componentes del trío descrito se giró sobre sus pasos y se dispusieron a pisotear las mismas huellas que cada uno traían. Al igual que a Eufrasio, el pensamiento de los otros dos perseguidores de gallináceas se unificaba, llegando a la conclusión de que la jornada había terminado en lo referente a posibles capturas, pues era poco plausible que se arrancaran nuevas perdices en los mismos trechos que previamente habían recorrido. Frasi estaba más que contento con el contenido de su macuto y tanto Koran como Bruma habían disfrutado de bellos lances en el día de caza. Con su ego ensanchado, su yo satisfecho y su otro yo inmerso en la duración de las escenas, complementarían el mismísimo ser y el alma cazadora de Eufrasio. El cazador echaba de nuevo a volar sus pensamientos con estas reflexiones y, consciente del ocaso de la jornada, en la distancia reconoció las figuras de Félix y Óscar, que aparecían separados unos cien metros uno del otro por el cerro por donde hacía un buen rato se habían ocultado buscando las lindes del acotado. La dirección de ambos era confluir en la mata de zarza y su poza en la que los perros saciaban su sed cada vez que pasaban por sus proximidades. Eufrasio, a pesar de que faltaban unos trescientos metros para llegar al lugar descrito con anterioridad, podía haberse desplazado directamente hacia los coches, cortando al cejo por la besana de rastrojo que le separaba de los vehículos. La comodidad y sus pensamientos peculiares le hicieron no desviarse del camino emprendido. Ya era más de la una y a esas horas las perdices suelen aguantar mucho más que a primeras horas de la mañana, y máxime cuando han vuelto a sus querencias tras haber sido molestadas por los deambulantes cinegéticos. Ese día el ansia del resto de componentes de la cuadrilla podría convertirse en la suerte que rara vez le sonreía a Eufrasio. Este ya tenía proyectada en la retina la silueta total de Óscar y de Félix, cuando la perra a la que apenas prestaba atención Frasi se quedó nuevamente de muestra. No era posible que fuera otra perdiz, hacía menos de quince minutos que había pasado por el mismo sitio. Bruma, que rara vez mostraba falsamente, se mantenía con la misma firmeza en su parada que con las anteriores piezas. Un nuevo lance permitió a Eufrasio en esta ocasión lucirse ante la mirada de sus dos próximos correligionarios. Frasi dejó cumplir el pájaro a la distancia debida e hizo hablar a su paralela certeramente una vez más. Al parecer la mano que traían Óscar y Félix, al culminar el collado que les tocaba ahora descender, sin duda alguna habían empujado alguna que otra perdiz hacia sus querencias nuevamente. Las tendencias de los animales no pasan por un razonamiento esquivo, sino por costumbres o hábitos, y atracciones naturales que le sirven de refugio y de alimento al mismo tiempo. Tendría que haber sido así, pues, cuando Félix y Óscar se encontraba a un centenar largo de metros de Frasi, el lance cinegético anterior se repitió con más énfasis aún que el que le había precedido con anterioridad, nueva muestra efectiva de Bruma y culminación certera de Frasi, que provocaba que su alma cazadora parecía estallar entre su atuendo. Había tenido un foro visual compuesto por todos los miembros de la cuadrilla menos Elías. No sería preciso realizar ningún relato para detallar el lance de la séptima pieza cobrada al igual que la jornada anterior. La mañana se le apetecía a Frasi de lo más bella y fructífera de su existencia como cazador a rabo. Los espectadores cinegéticos ocasionales dieron marcha atrás por las veredas marcadas por sus propios pasos. Frasi hizo lo mismo y volvió a

tomar por tercera vez el mismo regajo con sus ya pesados y ma-
chacones pasos. Los principios de una senda casi se delimitaban
perfectamente, por sobreponer una pisada tras otra buscando las
ansiadas patirrojas. Al mismo tiempo Eufrasio contemplaba que
tanto Federico como Félix se alejaban por las mismas trayectorias
que los habían llevado al encuentro de la cuadrilla en el regajo.
Cuando Frasi llegó al vértice en que Quico y Félix ya se habían
vuelto, tuvo que decidir el camino de vuelta hacia los coches y
finalmente se decidió tomar la misma dirección del que no llevaba acompañamiento canino, el de Félix. Tendría más posibilidad
que en el recorrido de este último se hubiera quedado alguna
perdicilla aplastada. Los efluvios emanados por estas con toda
seguridad habrían sido esparcidos por el terreno próximo a las
mismas sin que nadie los detectara. Tras recorrer gran parte de la
distancia que los separaba de las viandas preparadas el día anterior,
el cansancio y el desánimo invadió el cuerpo y el alma de Frasi.
Bruma, que cazaba bastante a la mano, se alejaba en algunos
momentos de su conductor. Eufrasio, dando ya por terminada la
jornada, no la llamaba para que no se alejara, la dejaba seguir los
instintos de su naturaleza y apenas se separaba del lindazo que
ambos recorrían. Cuando ya quedaba muy poco trayecto para
girar y seguir en línea recta hacia los todoterrenos, en la confluencia de las lindes de las distintas hazas, estas formaban una
especie de ye. Bruma, distanciada unos cien metros, llegó al
vértice y se giró hacia el lado contrario del destino previsto por
Frasi. Al ver este que la distancia era considerable, la llamó con
el silbato, pero la perra no hizo caso y siguió como intentando
ventear algunas posibles emanaciones. La distancia se había pro-
longado más de lo habitual en Bruma y además no paraba de

avanzar por una linde que se alejaba hacia el lado contrario de la intencionalidad de Eufrasio. Pero, cual no fue la sorpresa de Frasi que, tras recorrer lo pateado por Félix breves momentos antes Bruma en la única mata de palma prominente que había en la linde, se quedó nuevamente con una muestra muy firme. Eufrasio se puso algo nervioso, pues creía que no le daría tiempo de llegar a la distancia apropiada para poder realizar un lance con posibilidades de abatimiento y no fuera de tiro. Frasi se desplazaba hacia la perra cortando por medio del haza, derecho al lugar donde Bruma permanecía inmóvil. Por unos momentos Frasi estaba casi seguro de que sería un conejo encamado y por eso aguantaba tanto sin que saltara pieza alguna. Al ser la distancia considerable Frasi se apresuraba hacia el lugar de encuentro, pero, a pesar de todo, una brava perdiz saltó del palmito que señalaba Bruma con su nariz. En esta ocasión el pájaro remontó el vuelo y en un brevísimo instante la altura era considerable. Esto y la distancia que los separaba hizo que Frasi realizara un tiro al encuentro, pero adelantando bien la mano. La suerte y la constancia hicieron que el pájaro se hiciera un ovillo en el aire y cayera al suelo hecho una pelota. Bruma, que también acusaba ya la dura jornada de caza, se desplazaba con decisión hacia la pieza abatida con cierta parsimonia provocada por el cansancio. A pesar de todo el cobro lo realizó con buena nota, aunque los pasos en dirección a su dueño eran lentos. El lance se culminó con éxito para el binomio cazador. No todos los días se llenaba un morral con esa cantidad de perdices. Frasi sentía una especie de alteración interna que se aproximaba a leves temblores, como si hubiera realizado alguna actuación indebida. Sentía miedo, como si la madre naturaleza lo estuviera juzgando y temiera una sentencia temeraria por parte de esta. Tenía la sensación de haber realizado un grave daño a la creación, tras haber realizado lances de cierta belleza estética. Sus recuerdos, al mismo tiempo que le complacían, le atormentaban, sobre todo por haber unido sus ideas con las representaciones del lance. Un lance en las que aparecía como actor y espectador, infractor, juez y fiscal, en referencia a unos hechos que estaban acordes con sus instintos naturales y a la vez en el mismo acto haber causado un daño irreparable. Temía una sentencia en la que se le impondrían como condena ver cómo en la realidad de la naturaleza se incluyen las cosas bellas, las sublimes y las siniestras, por haber sido el centro de todo lo ocurrido aquella mañana. En estas ensoñaciones se debatía Eufrasio cuando se vio ya rodeado por los componentes de la partida de caza. Frasi no dijo nada en cuanto a los resultados obtenidos, mientras que el resto de los compañeros se debatían sumando puntos equiparados a las perdices cobradas por cada miembro. De ese modo al final de la temporada dejaban bien afianzados sus puestos para hacerlos constar en la perseguida jerarquía cinegética. Cada cual ocuparía su puesto en función a su *statu quo postea venari*, una hegemonía que sería recordada una y otra vez en tabernas y colmaos, algunos con voz fuerte y rotunda, como salidos de la ultratumba de la ignorancia, para intentar sentirse seguros de sí mismo pero vanagloriados por torres de humo. Frasi en cambio, en el más absoluto silencio, se sumergía en los mares profundos de la duda. Casi nunca estaba seguro de nada y por eso percibía con su duda metódica variados juicios. No llegaba a ser un acérrimo devoto del pirronismo, pero se debatía entre dudas constantes buscando siempre algo más clarividente que le hiciera ver las cosas de forma distinta de lo que la realidad le ofrecía. Buscar una verdad como la que preconizaba Isaiah Berlin: «Acerca de la verdad, ni la tuya ni la mía, vamos a buscarla, pero dialogando». Tal vez uno de los grandes problemas de nuestro mundo sea, como argumentaba Bertrand Russell, que los ignorantes se sienten seguros mientras que los perspicaces dudan de todo. Mientras Frasi sacaba las viandas preparadas el día anterior, Félix intentaba componer el podio del día, recordando los argumentos de Elías, que siempre se interesaba por las piezas cobradas de cada uno. Preguntó uno a uno a todos los componentes de la partida de ese día y los iba calificando a cada uno con un mote, en función de su anatomía y el puesto ocupado. No se hizo rogar en la calificación del vencedor. Quico ocupaba el primer puesto con media docena más una, Óscar tres y Félix y su hijo una cada uno; Elías se fue de bolo. La calificación quedó plasmada en las vanidosas *tabulae ceratae* del aire. Como Frasi tenía el marchamo impreso de ser un cazador alejado de los primeros lugares, ni se interesó Elías por preguntarle por la cuantificación de su percha; tampoco este ponía mucho énfasis en el acontecimiento numerario. Las calificaciones siempre le habían parecido a Eufrasio superfluas y de poco valor, desde su parvulario hasta su accidentado bachillerato. Pensaba que las notas que le plasmaban en su cartilla solo le servían para saber lo equivocado que estaban los maestros y profesores de él. A estas alturas de la vida le era indiferente el lugar que le asignaran. Al fin y al cabo, ¿qué es una nota o calificación? No más que algo ficticio y contingente, algo así como un espacio temporal abstracto. Abstraído por la preparación de la degustación gastronómica, se preocupaba más por la aceptación generalizada de sus correligionarios en cuanto al sustento que de la clasificación ocasional.

Expuestas las viandas al público, algunos de sus componentes casi devoran hasta el recipiente que las delimitaban, prueba evidente que no todo el mundo con un buen poder adquisitivo come exquiseces domésticas. Calmados los ánimos por la comida, el ambiente se volvía más distendido. Breves comentarios sobre el aderezo del guiso y su guarnición hicieron olvidar por unos momentos el puesto que cada uno había ocupado en la tabla. Elías, cuando ya se estaba terminando el taco campero, cayó en la cuenta de que al cocinero no se le habían computado las piezas cobradas, a lo que espetó a Eufrasio:

—¡Oye! ¿Y tú cuántas has cobrado? Todos sabemos nuestras perchas menos la tuya.

Frasi, para sacudirse en parte el marchamo colgado, dijo tenuemente:

—Yo ocho.

—¡¡Hombre —espetó Elías—, esas cosas se dicen!! —Al tiempo que continuó su charlatanería, se dirigió sorprendido a Quico: ¡¡Qué callado se lo tenía este!! Resulta que *mutatis mutandis* Eufrasio está perfilándose mejor escopeta de lo que esperábamos.

Frasi, con su habla algunas veces casi imperceptible, apuntilló que eso de «una buena escopeta» no era el mejor apodo para él. Prefería sin embargo que se le considerara un buen cazador, siendo una escopeta mediocre y corto de pasos, utilizaba muy en su favor la tan criticada intuición. Preveía con facilidad los lugares en que las piezas se mimetizaban en el terreno. Además, aunque su intelecto no destacaba por su brillantez, sí tenía algo que en cierta ocasión le habían comentado: que ostentaba una memoria fotográfica. Cierto era que en muy raras ocasiones pasaba de nuevo por algún lugar en que se hubiera levantado alguna pieza que no se acordara casi con claridad meridiana de los mismos. Se aprendía las piedras, terrones o matas, tenía en cuenta los pequeños matices del terreno para tenerlos en cuenta para posteriores ocasiones. Terminaron la ingesta de las viandas y, tras la despedida de rigor, más cercana a una representación teatral que a los debidos sentimientos afectuosos de un virtuoso compañerismo, cada uno regresó a su domicilio como era habitual. Sobre todo Eufrasio, que se decantaba por una vida familiar más íntima que la de los asiduos pregoneros en los mostradores de las tabernas.

# Monotonía existencial
# y el doblete inesperado

*21 de octubre de 2020*

La vida en la aldea de Eufrasio se volvía anodina y monótona, su trabajo tampoco le ofrecía grandes escenarios de emociones. En su dura y accidentada vida, deambulando por la plasticidad de su práctico ensimismamiento, había ido eliminando cosas superfluas, todas aquellas cosas que no impregnaban su espíritu de satisfacciones plenas.

Sus decepciones se incrementaban con los años. A veces él mismo era un mar de dudas, no comprendía, sobre todo cuando se preguntaba el porqué de las cosas, por qué los acontecimientos sucedían y lo hacían de determinadas maneras y no de otras. En otras ocasiones sentía miedo de sus propios pensamientos, deseaba que fueran más superficiales y no impregnados de imaginaciones tan confusas y a veces siniestras como la propia vida.

Se decantaba en muchas ocasiones por dejar su torpe intelecto en ausencia de pensamientos para poder evadirse, dejar su mente en un estado de paz y sosiego, eludirse de afirmaciones y negaciones, llegar en definitiva a una situación de un pensamiento impasible. Una especie de éxtasis como el que le proporcionaba la práctica de la afición de Adonis que, alternada con las citas deleitosas, tras las ingrávidas insinuaciones de Venus. Con su paralela en perfecto estado de revista, una Sarriugarte que cayó en sus manos por mor del destino. El vecino mercantil de su padre, D. Manuel Escacena, un farmacéutico que, en su pleno apogeo venatorio, tenue y superficial la mandó hacer a medida. Era una de esas aficiones de las que Pío Baroja detalla en *El árbol de la ciencia* para matar entre otras cosas las horas muertas de su placentera vida. Sus mancebos se encargaban de atender el negocio y se proyectaba hacia una buena existencia en este mundo. Eustiquio, el padre de Eufrasio tras su amistad vecinal mercantilista de varias décadas con don Manuel, cuando este se cansó de dar puestos infructíferos y el poco celo que ya de por sí tenía el boticario, sabiendo de la afición de Eustiquio como cuquillero, le propuso que se quedara con el arma por un precio módico.

La economía del regente de la tienda de comestibles, el padre de Eufrasio no hubiese dado para adquirir un arma de esas características, grabada a mano, orejeras laterales, bastante derecha, casi como las que se utilizan para el tiro al plato. Además, lo que para muchos cazadores al salto hubiese sido algún obstáculo, pues el arma diseñada para el reclamo no era expulsora, para no poner sobre aviso las perdices limítrofes al puesto, esta condición para Frasi por el contrario le servía para realizar los lances con la debida parsimonia, sin prisas y disfrutando de los mismos. Tal vez Eufrasio aquella mañana presentía que la jornada no sería lo deseable que había sido la anterior; de todas formas, como cada vez que salía al campo, en cualquiera de las modalidades que practicaba, lo hacía teniendo en cuenta la máxima cuquillera que dice «ni el mal tiempo ni el ventero dejan en casa al jaulero». O tal vez rememorando aquello que había subrayado de un libro de Ortega y Gasset: «Ese hombre auroral tuvo que dedicarse íntegramente a cazar para subsistir... Fue pues la primera forma de vida... Y esto quiere decir que el SER del hombre consistió primero en ser cazador». Estos y otros muchos motivos son los que hacían de Eufrasio una persona algo diferente de ese *Daseim* heideggeriano, un ser ahí con miedo y arrastrado por una sociedad que lo lleva al redil del bien común demagógico, encontrándose imposiciones, limitaciones y condicionantes que terminaban por anularlo como individuo.

Sentía al igual que Marx el yugo de la enajenación, ese extrañamiento que le supone al ser humano que no se experimente a sí mismo como el elemento eficiente de su captación del mundo, un cosmos que, denominado de cualquier forma, llámese los otros, la creación o él mismo, todo subsiste ajeno a él. Eufrasio había leído una especie de panfletos recopilados, los titulados *Cuadernos económicos y filosóficos* del tal Marx, y se le quedó grabada la frase del revolucionario autor de *El capital*, no se cansaba de repetirla una y otra vez: «Y no solo el hombre ha cazado, sino que ha de seguir cazando», tal vez para que el hombre no perdiera esa mismidad del Ser, un ser cazador y libre, esencialmente de yugos sociales y legislativos que, al igual que argumentaba Ortega ya había adquirido en su trayectoria antropológica su condición de SER y cazador.

Para Frasi cualquiera de los motivos era suficiente. Y como era de rigor, no serían tampoco impedimento los tenues presentimientos que había percibido como para quedarse en casa. Con los bártulos dispuestos junto con su escopeta, dispuso un pequeño depósito de agua en su vehículo, al que le había enganchado el correspondiente remolque para sus perros. Koran y Bruma, que ya tenían incrustado cierto nerviosismo al notar los andares por la casa de su amo, en cuanto chilló el cerrojillo de la puerta que dividía el patio del corral comenzaron su algarabía. Con sus sonoros ladridos insinuaban al cazador para que no les dejara en sus casetas. Como un rayo salió el macho; la hembra, algo más templada en su alegría, le seguía los pasos por el pasillo que delimitaba la cocina con el patio.

Tenían que pasar también por el comedor y el zaguán de la casa para salir a la calle, donde les aguardaba el transporte para llegar a su destino. Ese día la cuadrilla era exigua, solo Óscar, Eufrasio y Quico se presentaron en el acotado que, junto con la presencia del casero del cortijo, formarían la partida de caza. Al parecer este último había hablado con Quico y le propuso sacar su cachorro de *épagneul* bretón para ver si le podía mostrar alguna perdiz. Formada la mano Eufrasio y el casero que atendía por el nombre de Anastasio ocuparon el centro de esta, Óscar y Quico se dispusieron en las puntas por ser los dos que más andaban. Las planas besanas que formaban la parte del coto que pretendían batir parecían interminables, casi sin delimitaciones se presentaban desiertas y anodinas ante la perspicaz mirada de Eufrasio. El bretón de Anastasio, poco acostumbrado a desenvolverse en ese tipo de terreno, andaba el animal un poco despistado. Frasi había decidido sacar a los dos perros a la vez.

Al ser pocos componentes y el terreno tan amplio tenían que desplazarse con una mano muy abierta. La distancia entre los cazadores era considerable, de ese modo podrían batir todo el terreno pretendido. Anastasio, a pesar de ser un hombre de campo, no estaba acostumbrado a patear los terrones vivos del arado y se iba quedando retrasado. Cada cierto tiempo el resto de la temporal cuadrilla se paraba un poco y observaban cómo iban cazando sus perros para darle tiempo al casero a que se dispusiera, formando una imaginaria media luna en lugar de la uve a la que daba lugar Anastasio. Todo fue infructífero, anduvieron dos hazas enormes y no vieron ni un rabo.

Las perdices, que ya andaban avisadas de jornadas anteriores, apeonaban por delante de los cazadores unos doscientos metros y, cuando llegaban a los límites de sus jurisdicciones, se abrían en forma de hojas de palmera, para volver nuevamente a sus querencias. Óscar y Quico como era habitual, en la última mano se fueron saliendo por la tangente, hasta dejar a Eufrasio y Anastasio solos en dirección a un arroyuelo seco, con muchas matas de cardo que servía de división a dos hazas. Una de ellas, la más próxima a la carretera, estaba desfondada, y en la primera aún persistía el rastrojo de trigo. El binomio disidente de la mano se perdió detrás de una loma para no volver a dar síntomas de su existencia en toda la mañana. Eufrasio, que tenía pocas relaciones con el casero y que no había tenido vela en aquel entierro, se quedó de único acompañante del inexperto Anastasio.

Llegados al límite del rastrojo, Eufrasio giró hacia el oeste y comenzó su andadura paralela al arroyo que lo bordeaba. A escasos metros del desvío Bruma se queda de muestra un instante, Koran patroneó al unísono, pero Frasi se vio sorprendido por un pájaro que no aguantó, a pesar de la inmovilidad de los canes. Eufrasio se precipitó porque sus pensamientos se hallaban por derroteros distintos. No estaba cazando, estaba pensando en las musarañas y en sus ensoñamientos. El pájaro se fue a criar tras las detonaciones mal orientadas e infructuosas de su paralela.

La única pieza que había saltado, y además relativamente cerca, se marchó, como si los presentimientos de los primeros albores del día se estuvieran haciendo realidad. Las decepciones algunas veces invadían el devenir de Eufrasio, y se volvía cabizbajo y meditabundo, pero, al contrario del ser humano normal, cuanto más serio parecía al resto de los mortales su encantamiento personal subía hasta cúspides insospechadas.

Lo que muchas veces le reprochaban los que no lo conocían de aparentar ser una persona muy seria y que apenas sonreía, su amabilidad y el trato con los demás se tergiversaba porque era su forma de ser. Su espíritu realmente no era el que le solían encasillar o delimitar una vez más por parte de la sociedad. Por dentro era feliz, solo que en su interior sopesaba una y otra vez las circunstancias y los avatares de la vida. Algo que pregonaba a los cuatro vientos de los mares humanos infecundos sin ser comprendido, no había que estar todo el día con palillos y la pandereta. Su actuación hacia los demás era lo verdaderamente importante. ¿De qué vale ser muy sonriente ante individuos impersonales si cuando te necesitan tú no estás a su disposición? Recordaba que en alguna ocasión lo tacharon de practicar un cristianismo a tiempo parcial, a lo que respondió: «Prefiero compartir el trabajo y el sudor para la cobija de mi prójimo y que no tenga que taparse con mantas virtuales».

Todo se le aparecía a veces como un puro desengaño, mucha teoría y poca práctica. Se debería de actuar en muchas ocasiones, antes de pregonar inventos doctrinales orientativos y banderizos, casi todos con la ausencia de la alimentación pertinente. La jornada continuaba por los mismos parajes que lo recorrido con anterioridad. Pensó que lo mejor sería marcharse, las premoniciones se le antojaban sentenciadas para el susodicho día. Con anterioridad había comunicado al resto de la cuadrilla que se largaría pronto del acotado, había quedado con la familia para comer todos juntos. Como no pretendía llegar tarde a la cita, decidió dirigirse hasta los coches para partir hacia su casa. En uno de los momentos en que Anastasio dirigía la mirada a Frasi, este le hizo señas de que se marchaba.

Cuando recogió a los perros en el vehículo y se montó en el mismo, se dio cuenta de que era más temprano de lo que creía. No fue condición suficiente para bajarse en esos momentos. Continuó la marcha y salió a la carretera para emprender el regreso a su hogar. Apenas había recorrido trescientos metros, vio a Óscar y a Quico que se habían salido de la zona prevista para esa jornada. Nuevamente la veta vulpeja que internamente los acompañaba salía a la luz en sus actos. Actuaciones siempre enfocadas en el caso cinegético que nos ocupa hacia la categoría de la cuantificación de piezas, para alcanzar, como no podía ser de otra manera, los pretendidos lugares clasificatorios en la jerarquía cazadora. Eufrasio, que si tenía alguna otra pasión que no fuera la caza y la lectura era su altivo ego, cuando llegó a la altura del carril que llegaba hasta el cortijo, en lugar de irse camino de casa, se dirigió al caserío y dejó el vehículo entre la hacienda y la carretera, a la vista de todo aquel que pasara en dirección a Cerceneda de los Reyes. Dispuso todos los cachivaches pertinentes y sacó al perro, pues Bruma se había mostrado algo cansada en las postrimerías del primer intento cinegético.

El balance de las detonaciones había sido exiguo para todo el grupo, ni Anastasio había disparado ni los otros dos individuos tampoco. Frasi decidió dirigirse hacia el lado que se disponía frente a la portada del caserío, entre otras cosas para que tanto Quico como Óscar se percataran de su presencia. Casi al mismo instante, el casero aparecía en las inmediaciones del cortijo, también había desistido de seguir cazando a solas. Este hacía las veces de guarda del acotado y de la finca, pues esta tenía hazas de olivos y frutales. Cuando llegaba el tiempo de las cosechas había que estar pendiente, sobre todo para que los amigos de lo ajeno perdieran la amistad de las aceitunas y de las frutas. Frasi fue visto por todos los miembros originarios de la jornada. Eufrasio al fin y al cabo no tenía que esconderse de nadie ni dar explicaciones de sus actos en el acotado. Uno de los lemas de aquella tácita sociedad de cazadores era precisamente tener solo las leyes que se establecían al efecto. Condicionantes y normativas internas debían brillar por su ausencia.

Practicar el arte cinegético lo más parecido a la máxima deliberiana: un hombre libre ante un animal libre y en un terreno libre. Libertad, al menos de normativas absurdas que solo sirven para dos cosas fundamentalmente: para cumplirlas y para no cumplirlas. Eufrasio había decidido cazar y probar suerte de nuevo. Se desplazó con su perro por medio de otro rastrojo de trigo y hacer el intento de poder encerrar algunos pájaros dentro de los lindazos o riberas. A pesar de la planicie que formaba la besana, no vio ni una pluma, el perro se desplazaba zigzagueando sin hacer ni la más mínima guía. El día se le antojaba a Eufrasio que se marcharía de bolo. Irse de bolo no era en absoluto para Eufrasio ni malo ni bueno, ni fracaso ni éxito.

La satisfacción de haber cazado cubría todos los anhelos del perseguidor gallináceo. Sentía una sensación de gozo, aun sin abatir nada, que no la podía explicar. Tendría que adherirse a una de sus ensoñaciones para acercarse a esos sentimientos misteriosos que solo en ocasiones llegaba a descifrar. Cuando ya se terminó el rastrojo, llegó al regato que transcurría con pequeños charcos intermitentes. Torció ligeramente haciendo una media circunferencia y se situó casi paralelo sobre sus pasos. Anduvo junto al reguero semiseco en dirección a una confluencia donde una mata de adelfa se disputaba el lodazal con una zarza, por cierto muy querenciosa para que las perdices a partir de media mañana se sombrearan. La ausencia de piezas aquella mañana era la sintonía predominante. Pero, cuando comenzaba a inmiscuirse en una de sus elucubraciones, el perro comenzó unos movimientos algo más nervioso de lo habitual, sin llegar a mostrar ninguna pieza, parecía querer anunciar alguna buena nueva. Leves guías sobrevinieron con posterioridad al nerviosismo de Koran. Eufrasio estaba dando ya por terminada la jornada cuando, inesperadamente, la arrancada de una collera de perdices irrumpió el silencio del campo. Frasi observó que el perro estaba puesto de muestra al lado opuesto del cauce. Juzgó bien la pieza de la derecha, que se le antojaba mejor posicionada para el disparo, y apretó el gatillo instintivamente. El impacto de los proyectiles fue casi instantáneo, haciendo del pájaro un ovillo en el aire. El pelotazo en el limpio hizo que la patirroja se posicionara en de cubito supino con el suelo.

Sin perder un instante leyó mentalmente la trayectoria de la otra gallinácea, que todavía se encontraba a una distancia apropiada para el disparo. Pero, cuando la sobrepasó en su trayectoria imaginaria, estaba algo alejada, casi fuera de tiro. No obstante, Eufrasio optó por realizar la segunda detonación y observó que el ave acusó el disparo, pero siguió el vuelo en línea descendiente. Una leve inclinación del terreno junto con un mateado de cenizos se pusieron en la disposición correcta para que Frasi no viera el lugar exacto donde tomó tierra el pájaro. Seguro de que la primera perdiz tenía asegurado el cobro. Aceleró el paso todo lo que pudo en dirección al segundo pájaro. Indicó a su fiel compañero la dirección de la postrimera detonación para buscar la pieza. Koran obedeció al instante y se dispuso en plena persecución de la patirroja. Colmada la inclinación del terreno donde se preveía que podría estar el pájaro, el perro no daba señal alguna del aterrizaje. Tras varias vueltas en su búsqueda, parecía que se la había tragado la tierra. Eso si no se hubiera marchado de peón algún centenar de metros. La decepción de Eufrasio iba incrementándose por momentos. Todavía no había asimilado el maravilloso lance cuando la desilusión hacía mella en su propio ego. Tras algunos minutos de búsqueda, decidió volver próximo al regato que, a menos de unos diez metros de este, la primera pieza abatida debería estar esperándole. Llegado a las proximidades de la adelfa de donde había salido la collera, donde calculaba y estaba el pelotazo del pájaro, ni él vio perdiz abatida alguna ni el perro se mostraba afanoso por el caliente que hubiese debido dejar el volátil gallináceo a pesar de la calva de hierbas. No se lo podía creer, había hecho un doblete y no encontraba ninguno de los miembros de la collera abatida. Se repuso por unos instantes. El presagio mañanero se ensañaba con su yo cazador. ¡¡Qué mala suerte!! Parecía un día con verdadero mal fario. Se tranquilizó por unos instantes y pensó que estaría refugiada entre la mata de adelfa y la zarza, por su proximidad entre la caída y el arroyo. Trasteó con Koran meticulosamente unos veinte metros del regajo varias veces y nada, ni rastro. Al término de los arbustos llegaba una escorrentía ocasional cubierta de vegetación más abundante. Decidió mandar al perro que se desviara por entre la pequeña maleza que cubría el cauce seco y el cánido se mostraba nervioso por momentos. Quedó de muestra y ya se tranquilizó Eufrasio. Por fin Koran había dado con la pieza. Se dispuso con su arma por si arrancaba de nuevo el vuelo y a unos treinta metros más arriba se arrancó estrepitosamente un pájaro. Frasi hizo hablar a su paralela, pero el ave se marchó a criar. Por la forma y la velocidad emprendida por la perdiz, no parecía que fuese la que había bajado en el supuesto doblete en primer lugar. El desengaño llegaba a la frustración, Eufrasio ya no sabía expresarse para sus adentros la mala fortuna acaecida ese día. Ya no sabía dónde buscar, volvió de nuevo hacia el lugar donde se encontraban algunas plumas del golpe con el suelo y comenzó a buscar en círculos con el perro.

Tras haber realizado un par de movimientos circulares, a unos treinta metros de donde tuvo lugar el encuentro del ave con la tierra, el perro se quedó de muestra. Tras una leve ojeada de Frasi, observó que, a unos cinco metros del hocico del perro, estaba el pájaro aplastado, con la mirada fija en ambos perseguidores. El animal objeto, en lugar de dirigirse para el amparo arbustivo, se había encaminado hacia la pequeña colina de cenizos. Eufrasio mandó cobrar a su compañero la pieza que se había amonado en las primeras hierbas cenizosas. Por fin Koran había tocado pluma en la jornada. Su alegría la transmitía con la mirada que le dedicaba a su dueño. Tras la entrega, por fin Eufrasio pudo mostrar también su satisfacción a los cuatro vientos. La perseverancia en el cobro dio sus frutos. No había cosa más frustrante para Frasi que dejar piezas abatidas en el campo, era una cosa que no soportaba. Acto seguido se dirigió de nuevo en la dirección donde había aterrizado el segundo pájaro. Koran también se vino arriba en su autoestima, buscaba con una alegría mayor que la demostrada con anterioridad. Los perros, al igual que los cazadores, cuando cobran la primera pieza cazan con una seguridad distinta a cuando se llevan horas y horas tras las piezas sin tocar pluma. Ambos rastreaban palmo a palmo el terreno. La vista se agudizaba en uno, mientras que, en el otro, el olfato parecía desarrollarse de forma mucho más intensa que al principio. Como la hierba había retoñado, lo había hecho en la misma dirección que las líneas marcadas en la rastrojera. Eufrasio decidió hacer una búsqueda lineal y no circular en este caso. Se fue alejando poco a poco del lugar donde preveía había caído el pájaro y, a unos cien metros más o menos, el perro se quedó de nuevo de muestra. El pájaro se había aplastado en uno de los surcos y aguantaba impertérrito la muestra, señal inequívoca de que estaba bien tocado. Sus ojos mostraban una viveza intensa, percatándose de todos los movimientos de sus perseguidores. Koran cobró a la orden y la pieza la portaba en su boca sin apenas magullarla, solo la mantenía sujeta con suma delicadeza. Parecía solo alicortada. Frasi, a pesar de ser una hembra, la inspeccionó por si no le veía ningún impacto en el cuerpo. La investigación dio unos resultados negativos, tenía varios impactos en el torso. Eufrasio procedió a doblegar la vida del animal para evitar el más mínimo síntoma de sufrimiento. Esta vez lo sustraído a la naturaleza se degustaría en familia debidamente ritualizada y aderezada, como debe ser en cualquier hurto que se le haga a la creación. El ser humano se le antojaba a nuestro cazador debía rendir el culto requerido a la madre tierra, que le proporcionaba al fin y al cabo todo el sustento necesario para desarrollar su existencia.

# Un mampostero repleto de piedras estéticas

Mientras daba por terminada la jornada, en dirección a su vehículo que no estaba a más de unos quinientos metros, cayó de nuevo en uno de esos ensimismamientos intencionales. Se hacía preguntas y se las respondía él mismo, inmerso en un mar de dudas. A continuación, les daba una serie de respuestas que no tenían por qué ser ni acertadas ni equivocadas. Pero sí conseguía una cosa, y era complacerse a sí mismo, sentirse satisfecho como persona. Se despertaba a veces de sus pensamientos y volvía a la realidad, mezclaba una cosa con otra y de esta forma adquiría una situación anímica caracterizada por la serenidad de espíritu y una absoluta lejanía de cualquier deseo o temor.

Al realizarse esa serie de preguntas y respuestas, se abalanzaba sobre una especie de juicio, sería como una deliberación acerca de la complacencia. Se despertaba del sueño de la vida para inmiscuirse en una vida soñada, deseada, anhelada, tal vez utópica, confusa, pero al fin y al cabo real. Como decía el estudioso Óscar Moreno, «si lo has pensado, lo has hecho». Mezclaba unas modalidades con otras. En sus deambulaciones cinegéticas no podía refrenar el ímpetu de sus cavilaciones, y de esa forma recordaba una a una las notas que había tomado en sus largas horas de lectura, a sabiendas de que, si las plasmara en algún lugar o fuesen escuchadas por sus correligionarios cinegéticos y demás peregrinos existentes en el universo, se reirían de él, como le había pasado en ciertas ocasiones en su trabajo, o le tacharían por majareta. No importaba, ya le daba igual tantas cosas que continuó sus cavilaciones mientras llegaba al transporte ocasional, y proseguía con la recopilación de bártulos y animales. De esa forma recordaba cómo en una ocasión hubiese deseado exponer sus pensamientos acerca del reclamo. Había sacado sus propias deducciones tras leer esos libracos que casi nadie mantenía en sus manos no más tiempo que el de ver el título.

Para Eufrasio, todas las aficiones o devociones de la caza le parecían tener algo de bellas, unas más que otras, pero de cualquier modo todas compartían algo en común: la satisfacción mediante su desarrollo en su práctica. Se desvelaba de la vida adoctrinada y en su duermevela notaba cómo se despabiló, al igual que le ocurrió a un tal Enmanuel Kant con David Hume, que lo despertó del sueño dogmático cuando leyó por primera vez *Historia de la estética* de Sergio Givone. En el apartado que le dedica a Kant, se le desveló la realidad de *algo* que existía, pero que, por mucho que pensaba acerca de ello, no terminaba de entender. Se preguntaba una y otra vez por qué ocurría ese *algo* y además en un instante determinado.

Eufrasio sentía cómo en un preciso instante se producía un sentimiento casi desapercibido dentro de la circularidad de un lance cinegético, momento que está compuesto de una imagen que se proyecta a través de nuestro conocimiento, pero que tiene un *je ne sais quoi* que la hacía distinta a las demás. Una imagen que se percibe de forma diferente porque se producía al mismo tiempo un sentimiento de placer y dolor. Pero ese *algo* resulta que no solamente le ocurría a él, sino que era la gran pregunta que todos los que practicaban una cierta modalidad de caza se hacían.

Era común que los amantes de la caza de la perdiz con reclamo se hicieran la misma pregunta sin darse cuenta. Se preguntaban para sus adentros de forma inconsciente casi todos al unísono y que no eran capaces de contestar con eficaces argumentos. Por ese motivo Juan Vázquez del Río descubría el citado acontecer y los recordaba en *Memorias de un reclamo*: «Y en una palabra lo que conserva la afición al reclamo, que no morirá, pese a guardias civiles y leyes absurdas, mientras haya pueblos, perdices y hombres sencillos e ingenuos de los que nos alimentamos de ilusiones».

Lógicamente, Eufrasio se encontraba ante una experiencia estética que no sabía distinguir y apreciar; sin embargo, de forma inconsciente, instaba una y otra vez para que en cierta forma siguiera experimentando un sentimiento estético que se le antojaba maravilloso y alucinante.

Cuando realizó la lectura del párrafo citado de Givone, se le encendió una luz para poder seguir en cualquier momento investigando acerca de aquello que no comprendía. En una de las investigaciones más pormenorizadas de Kant que había realizado en una de sus lecturas había progresado en su conceptualización. Intentaba al menos transmitir, aunque fuera de forma rudimentaria, cómo ciertas imágenes que perduraban en su mente se reflejaban a través de su conocimiento, y que se encontraba dentro de lo que algunos llaman idealismo trascendental; es decir, que se correspondía con las denominadas características atribuidas a los juicios de gusto kantianos. Este era ahora su cometido principal, comprobar si las particularidades de las imágenes grabadas en su intelecto pudieran corresponder con los juicios estéticos de Kant. Un conglomerado entre caza y filosofía que debía ponerse, si no de acuerdo, al menos de atar algunos cabos sueltos entre las dos aficiones, pues, si la una procura visualizar las piezas objeto de captura, la otra intenta plasmar en la mente del meritorio filosófico el aprendizaje por sí mismo de un pensamiento, juicioso y ausente de cualquier dominación. De esa forma su otra afición al reclamo le acercaba a ese preconizado juicio de gusto kantiano, tan debatido en algunas esferas de estudios acerca de la estética. La imagen ilustrada que mantenía seleccionada en su consciente era como consecuencia de las visionarias escenas que mantenían sus conocimientos acerca de la caza de la perdiz con reclamo. El conocimiento de dicha modalidad debe cumplir y cumple con las exigencias de la exterioridad del sujeto, que formalice el objeto o la imagen dada, y con el propio sujeto que conoce.

Pero un conocimiento en el cual se refleja una visión panorámica, el de la propia estampa, y de los tres elementos básicos que han de concurrir para que el conocimiento se produzca. El primer elemento que apreciaba era el de la sensibilidad, que se producía en un espacio y tiempo determinado, son las formas de conocer la realidad que tenía él como sujeto. Todo esto, como es obvio, se produce en plena naturaleza y libertad del sujeto, de su sí mismo, pues se practica como Miguel Delibes entendía la cinegética, con un hombre en total libertad, junto con el animal objeto y unos pasos sin interferencia dominantes de propiedad. El entendimiento era otro de los elementos imprescindibles para estructurar sus impresiones con las categorías correspondientes y de ese modo poder emitir juicios. Las impresiones que percibimos de la naturaleza pormenorizaban a Eufrasio, y habían de ser analizadas con sus respectivas formas en cuanto a la interpretación del mundo que le rodeaba. Por último, la razón. Para Frasi como sujeto, este asimilaba los juicios y los conectaba con la realidad del campo y de la naturaleza.

Además de todo esto, se percataba Eufrasio, con la tendencia a indagar ciertos principios que no estén condicionados, es decir, que no aflore sobre nuestra experiencia, tener un *a priori*, pero que se presuponga la misma. El sentimiento de placer que le provocaba la percepción de ese algo es la esencia de la belleza en el existencialismo, pero, para que se pudiera conocer, se ha de producir un acoplamiento entre experiencia y conocimiento, lo tan pregonado del idealismo trascendental.

Esa idea que trasciende, y como no a Frasi en todo el organismo, a toda su vida, e incluso que repercutía en su relación con los demás, ese *a priori* que sentía por esa afición, al igual que el resto de cuquilleros, busca constantemente una experiencia estética que es de tal calibre que ante ella tiemblan de emoción, con un sentimiento de placer desmesurado, ya que se produce a través de la contemplación de un cierto momento deseado y esperado en su acontecimiento. Al mismo tiempo que se convertían en actores pasivos, porque colaboraban para la consecución del lance. Se unían, por tanto, la naturaleza, la libertad y su conocimiento, que, pletórico de los juicios que tenía seleccionado, arrojaban una experiencia estética inigualable. Al mismo tiempo es una experiencia estética totalmente extraordinaria, porque la escasez de esta es su exponente más privilegiado, pues no se da por nuestra voluntad o constructo. Depende desde luego de la voluntad de un animal salvaje en el que su instinto prevalece sobre otros fenómenos de la naturaleza.

Además, los reflejos que ostenta el animal le hacen superar con creces los contramedios que pone el ser humano para la consecución de la experiencia estética. La ensoñación de Eufrasio proseguía cual narración exhaustiva de los hechos y pensaba que la subjetividad del sentimiento de placer y dolor que permanece en el sujeto cuando se realiza el lance cinegético aspira por sí misma a la universalidad. Esta circunstancia se produce porque estamos ante algo bello. Y lo bello como sabemos se puede desvelar tanto en el arte como en la naturaleza, como era el caso de Eufrasio y sus correligionarios los cuquilleros. Por tanto, se podría entender que ese juicio de gusto, entendido como facultad humana de sentir placer o dolor que se realiza y se percibe en el lance, sería como «subsumir lo particular en lo universal», según las exposiciones de Kant en un momento determinado.

Para poder entender plenamente la imagen que Eufrasio mantenía plasmada en su mente, era necesario poner en práctica el libre juego de la imaginación y el entendimiento, expresar la obra de forma subjetiva, pero a la vez hacerlo desde el punto de vista estético. Cuando la seleccionada estampa se plasmaba desde su intelecto, debía tener en cuenta una serie de elementos esenciales que debían concurrir en la misma. Se le antojaba a Eufrasio por tanto que la imagen la podría denominar como fascinante, llena de luz, misteriosa, pues solo los que practican esa modalidad saben los motivos idílicos, cálidos, llenos de provocaciones. Se lucha por un territorio. Es sencilla, espontánea, apasionada, excitante y emotiva.

La propia imagen irradiaba sensibilidad, y junto con su criterio subjetivo expuesto, producían la universalización de su concepción particular acerca de la misma. El juicio del gusto ha de ser perfectamente comunicable, para que no se quede en un solipsismo estético. El juicio estético ha de ser por tanto consensuado y comunicado a través de unas sensaciones que han llegado a un concepto. Eufrasio había optado por una mirada estética, donde la imaginación y la expresión de nuestro sentimiento prevalezca para que el juicio de gusto sea tolerable al resto de las personas.

Para que sirviera de referencia, hacía hincapié acerca de la salvedad sobre la pasión y la excitación que produce la contemplación de la escena en la mímesis que se realiza, pues llega incluso a extremos insospechados. A tales límites llegaba el lance que un practicante de la tauromaquia que alternaba su profesión con el reclamo, y se jugaba la vida casi a diario, confesaba que no temblaba en su profesión, y sin embargo lo hacía ante las escenas que como Eufrasio tenía plasmadas en su mente.

Cómo podría explicar e intentar demostrar Frasi si verdaderamente que, en aquella otra de sus aficiones, se cumple una cierta universalidad en las escenas en cuestión y en la que Eufrasio notaba una experiencia estética, que la imagen del mundo exterior que percibía a través del funcionamiento de su difícil e inquieto intelecto, si en cierta forma se vuelve parte de las condiciones de posibilidad del sentido del gusto. Un gusto que debía ser compartido por otros e importantes seres humanos. Al efecto recordaba cómo en *El Quijote,* que al parecer tiene algo de carácter universal, la imagen que Eufrasio y sus correligionarios cuquilleros mantienen en su mente asiduamente tiene presencia en la magnánima obra, cuando indica: «Váyase usted, señor Hidalgo, con su perdigón manso». Ese perdigón manso al que alude es el que se empleaba y se emplea para poder alcanzar la imagen asidua que proyectan los lances que se producen cuando se caza el reclamo. Un lance que se dirige hacia la subjetividad de nuestro conocimiento. Que abarca como descifraba Frasi y había comentado en sus anteriores pensamientos, contiene sensibilidad, entendimiento y razón. Por tanto, se podría hablar de una experiencia estética coincidente con el juicio de gusto kantiano.

Pero esa universalidad demostrada en la obra cervantina no se encuentra aislada, sino que se localiza de forma extendida en el tiempo y en el espacio. Para abreviar en detalles, solo era preciso recordar la lectura de uno de tantos libros que había devorado entre sus manos, y que otros compañeros cuquilleros se habían encargado de detallar en sus obras. Como por ejemplo las manifestaciones históricas acerca del reclamo que se detallan en *La perdiz con reclamo en la España rural y urbana* de Antonio Gallardo Romero y Antonio Romero Ruiz. Se manifestaban en el libro nombres y obras en los que aparece una modalidad de caza probablemente mucho más extendida de lo que gran parte de la sociedad le tiene asignada. Así por ejemplo manifestaba el texto del dúo escritor que aparecían referencias en las *Fábulas* de Esopo, (*circa* 560-620 a. C.), en la Biblia (Samuel 26:20, Jeremías 17:11), en Aristóteles, Plinio el Viejo, Odón de Túsculo, que resaltaba la astucia de la perdiz. Griegos y romanos dejaron un gran legado de mosaicos con imágenes de pájaros enjaulados para practicar esta modalidad y en cierta forma reflejar en el conocimiento del sujeto practicante, el referente de juicio de gusto de Kant.

Eufrasio recordaba cosas recopiladas en su lectura, si acaso algo más gravoso sobre el asunto, es que la realeza y los nobles posiblemente impregnados de una inconsciencia consciente, conocedores por tanto de esta experiencia estética, intercedían para que el pueblo llano no practicara esta modalidad. Para demostrar lo relatado, tenemos por ejemplo que Felipe II prohíbe mediante una pragmática sanción la caza de la perdiz con reclamo bajo multa de 6000 maravedíes y seis meses de destierro; y Alfonso XIII jura la Constitución y promulga la Ley de Caza de 1902, en la que se prohíbe el reclamo, excepto a dueños de cotos. La escena que acababa de plasmar en su mente Eufrasio estimaba que la misma se encuentra por tanto en nuestro idealismo trascendental, pero de forma paralela subyace algo empírico detrás de ella. Al mismo tiempo no debería detenerse en una analítica pormenorizada de la imagen para evitar un gregarismo vulgar. Es la imaginación de nuestro intelecto la que tiene que hacer que florezca la subjetividad de nosotros mismos y no de las imágenes, de cualquier obra de arte o de alguna escena como tal. Eufrasio aludía de nuevo que practicar la modalidad que se intentaba describir, esta se realiza inmersos en la soledad de la naturaleza, camuflados, imperceptibles, mimetizados para no alterar la recreación de la escena; aun así, como depende de infinidad de circunstancias, la escena o experiencia estética se puede dar o no. La escasez de esta la hace aún más extraordinaria si cabe, creando aficionados incorregibles, de esos en los que su afición crece con los fracasos.

Para Frasi en las postrimerías de su pensamiento notaba que ahora venía lo más apasionante del caso que le ocupaba. Apreciaba que el verdadero cazador de reclamo no desea tener ese algo que le sea satisfactorio, unido al deseo material de la existencia del objeto; lo que persigue es una satisfacción distanciada por la contemplación del auténtico lance. Eufrasio sentía una cierta complacencia en la escena contemplada de manera exquisita, la satisfacción que se fusiona junto con la representación de la existencia de la imagen mental contemplada; es decir, la satisfacción distanciada de una contemplación genuina del objeto es lo que podemos denominar pura y llanamente la estética, la que se muestra ante los aficionados al reclamo y de cuya existencia no todos son conscientes. La satisfacción estética es la basada en la mera contemplación, indiferentemente de si poseemos ese algo o si existe o no. Nos referimos al desinterés por el objeto. Solo nos deberíamos quedar con la pura contemplación, distanciada y por tanto desinteresada, que se corresponde fielmente con lo que los practicantes de esta modalidad ejercen sin contraprestaciones. Como lo real pasa a un segundo plano, en ese plano los posibles intereses materiales que concurren se convierten en secundarios.

Del desinterés estético se sigue la universalidad del juicio del gusto. Esto mismo sirve de garantía para que el juicio del gusto que descubría Frasi era simple y llanamente universalizable. Eufrasio intentaba siempre unir en este caso la caza con algunos de sus precarios si cabe, pensamientos impregnados de su filosofía barata y ramplona, pero al menos, aunque lleno de errores, los intentaba expresar. De esa forma el incorregible de Frasi debía advertir que en la representación que tenía en su mente y que intentaba plasmar se nos muestra cómo una naturaleza prisionera de los dispositivos de sus leyes se sincera con la libertad y se revela como una escena creada por un espíritu sobrenatural. Se manifiesta por tanto la convergencia entre naturaleza y libertad. Se verifica la apariencia junto con lo que aprehendemos en nuestro entendimiento, que se antoja interminable. Nos encontramos por tanto ante un posible y verdadero juicio estético que se deriva de nuestra reflexión propia que realizaba acerca de la belleza del lance, pues en el principio del fin se muestra mediante una clara inmediatez. La formación de nuestro objeto es revelada con premura afinidad y armonía, con respecto de la representación que tenemos marcada como sujeto.

Sin embargo, cuando Eufrasio reflexionaba sobre la finalidad de la naturaleza que se percibía en la escena objeto de representación, observaba que se encontraba mediada por su propio fin, por los seres que la componían, cuya organización debe ser reconocida por el sujeto, tanto de forma interna como externa. Pero lo que verdaderamente le interesaba demostrar en sus posibles divagaciones era el principio trascendental sobre los juicios de gusto. Para decir que algo me gusta, los juicios del gusto debían tener los principios de la finalidad sin fin. Porque la finalidad sin fin proporciona un tipo de placer que viene proyectado hacia mí con una finalidad sin contenido; es decir, que en mi pura contemplación de la representación de la escena es necesario ese *a priori* de la misma, sobre todo para poder tener un juicio de gusto, en el caso que nos ocupa, el de la escena representada que nos produce ese sentimiento inesperado de placer.

Eufrasio creía estar por tanto ante una finalidad estética que se presentaba ante él sin un contenido concreto, de forma natural y camuflada entre la naturaleza. Con solo su contemplación ya nos ocasiona el sentimiento de placer y dolor. Por el hecho de no tener un contenido concreto, es una finalidad sin fin porque en ningún momento de la contemplación nos detenemos en la experiencia estética de lo bello que es el lance. Se precisa del libre juego de la imaginación y el entendimiento. El juicio de gusto es reflexionante porque se refiere al sentimiento de placer o dolor, y busca una ley general que lo legalice para que no derive en un dogma.

El planteamiento de la escena real que Frasi pretendía ejemplarizar y juzgar, al encontrarse en plena libertad, se nos proyecta hacia nosotros sin poder percibir por qué nos causa la sensación de placer. Si ya se podía presuponer una finalidad sin fin o estética, proponía por tanto una fundamentación trascendental, instaurar las bases para el juicio del gusto. Podría poner por tanto al mismo nivel el juicio de gusto, con el conocimiento y los juicios éticos. La caza del reclamo da para todo eso y tal vez algo más. La estética en la citada modalidad de caza quedaría plenamente afianzada, por tanto se puede aseverar que los juicios del gusto en cierta forma garantizan que la estética en el reclamo tenga plena legitimidad filosófica.

Realizadas las disertaciones anteriores, estimaba Eufrasio que se podría deducir cómo mediante nuestras actuaciones, como por ejemplo la afición al reclamo que se ha detallado, el ser humano se ha adentrado casi desde la prehistoria en la estética, sin el conocimiento pertinente de la misma. El hecho de poder juzgar nuestra afición con el libre juego de nuestra imaginación y el entendimiento de forma totalmente libre es la forma más idónea que tienen nuestras facultades de percibir una experiencia estética. La relajación *a priori* y la contemplación ante la escena es lo que nos conduce al placer estético cuando practicamos nuestra afición. Eufrasio, cuando hacía referencia a algunos pasajes que citaba, estimaba conveniente la aclaración de algunos aspectos de sus exposiciones, dado el caso de la particularidad de la cita del libro *Memorias de un reclamo*, de Juan Vázquez del Río. En primer lugar, que la cita que había expuesto se había hecho de forma literal del mencionado libro. Se debería tener en cuenta que fue editado en 1931, y ambientado al parecer entre 1862 y 1874. Cada autor es hijo de su tiempo, y en este caso muestra el autor su disconformidad con lo que consideraba una injusta legalidad vigente, pues se prohibía su afición. Subyacen en el libro además tres elementos que no estaban muy bien asimilados en la época: la filosofía, la república y la afición al reclamo. Eufrasio había leído el libro por primera vez a la edad de 9 años, a mediados del siglo XX, y tampoco gozaban los elementos expuestos de atenuantes en la censura de la época.

Durante muchos años se preguntó qué tenía esa afición suya que no tenían la mayoría de las cosas que llenaban nuestras vidas. La afición al reclamo proporciona ni más ni menos que experiencias estéticas inolvidables. Tenía la obligación de reconocer que adquirir mediante la lectura algunos toscos conocimientos de la estética le había facilitado su comprensión. De todas formas, lo que sí compartía con el autor del libro era que ambos admitían que las dos chifladuras más grandes que se pueden dar en un hombre son la lectura ¿filosófica? y la afición a la caza de la perdiz con reclamo, dos cosas en las que, según dicen, se pierde el tiempo y el dinero.

# La lentitud de Eufrasio, ¿defecto o virtud?

*24 de octubre de 2020*

Cerceneda de los Reyes se despertaba aquella mañana con lluvia. Eufrasio, curtido en múltiples batallas con las inclemencias del tiempo, no vaciló en partir para buscar las patirrojas; asirse con ellas ya era harina de otro costal. Los compañeros cánidos, en cuanto sintieron abrir el postigo que daba al corral, comenzaron su alegre ladra como preludio de lo que más les gustaba, desarrollar su instinto natural como depredadores domesticados. En cuanto se subían en el remolque se acomodaban en este hasta llegar al acotado. Una vez llegados al cortijo, el resto de la camarilla aguardaba para marcar la estratagema a seguir para cazar en mano, volcando las perdices desde la carretera para el centro del coto. Quico y Juan María formaron una collera que se desplazaría en paralelo a la vía pública. Óscar y Félix se separaron al lado opuesto, quedando Eufrasio en medio. Todos menos Félix llevaban sus perros de muestra e iniciaron el pertinente pateo del terreno. Al poco tiempo de emprender la marcha fue dando sus frutos, los primeros pájaros se esturrearon delante de las escopetas. Parecía que la mañana se daría bien, por lo menos se vieron una densidad de gallináceas aceptable para poder hacer alguna que otra captura. Los perros se pusieron muy nerviosos cuando llegaron donde habían estado las perdices. Quico, que en su trayectoria se enfrentaba a pequeñas elevaciones del terreno con abundante vegetación, avisó a Eufrasio de tres pájaros que se le habían levantado muy largos. Efectivamente, al poco instante pasaron a tiro de Frasi. Este, con el vociferado de Quico, se puso nervioso, y aunque le irrumpieron a buena distancia las tres gallináceas, dudó a cuál de ellas tirar, y fue el motivo del estrepitoso fallo de Eufrasio.

Cuando se decidió por una de ellas, la mano izquierda no se desplazó con el adelanto suficiente para derribarla. En los instantes de duda, Frasi perdió cualquier oportunidad para hacerse con alguna de las patirrojas. La segunda detonación fue desistida por el cazador y se marcharon a criar. La misma duda que Eufrasio practicaba en su devenir existencial para la caza no servía, el mismo titubeo que le proporcionaba la clarificación de las cosas y la correspondiente distinción de estas con las perdices se perfilaba como un fracaso y la correspondiente escasez de capturas; no así el lance, que cada uno de ellos le seguía impregnando su espíritu de satisfacciones estéticas. La disposición de Eufrasio en el terreno hizo que tuviera que vadear una pequeña cárcava llena de arbustos. Solo unas pequeñas sendas del ganado permitían ver el color del suelo, el resto era una maraña casi impracticable. Era de obligado cumplimiento abrirse camino con los brazos encorvados para no arañar su escopeta y evitar que posibles restos de leña seca pudieran penetrar en el cañón del arma.

Como era de rigor al vadear el accidente del terreno, Frasi abrió su arma y la inspeccionó en sus adentros como si realizara un examen de conciencia desde el exterior. Previamente había sacado los cartuchos y comprobaba que cada caño de la escopeta estuviera dispuesto con la mayor pulcritud posible.

Realizada la auditoría del arma sin objeciones dignas de mención, Eufrasio se dispuso a pisotear una elevación paralela a la cárcava. Al parecer la disposición de ambas, cárcava y elevación, había sido fruto de esas maquinaciones técnicas de ingenieros y arquitectos, que desembocan en un peculio público mal utilizado. La elevación se había producido por la acumulación de tierra proveniente del socavón que le precedía, que, realizado el correspondiente análisis, había desembocado en el abandono de una vía pública cuya ejecución no era pertinente por no estar debidamente trazada. Eufrasio, una vez dispuesto en la altitud del montículo lineal y segmentario, junto con su asistente personal canino se dispuso a cazar la leve altiplanicie de forma magistral y concienzuda.

El fallo originado con anterioridad, motivado por la duda y la no atención a su objeto bien definido de la caza, hizo que Frasi pusiera no los cinco sentidos, sino todo su ser a disposición del posible chance venidero. Koran se debatía entre retamas, aulagas, tomillos y cardos secos, sin importarle los pinchazos ni la dureza del terreno. En el firme terreno por el paso del tiempo predominaban pequeñas sendas ganaderas y múltiples guijarros de vértices punzantes, circunstancias que no eran óbice para que desistiera en su empeño de búsqueda. Frasi notó que el perro se le adelantaba y retrocedía por algunos instantes sobre sus propios pasos. En una de sus retrocesiones Koran se alejó más de lo habitual. Llamado el auxiliar de caza al orden preestablecido, al dirigirse hacia su dueño le pareció a Eufrasio que el cánido hizo una leve muestra. Una perdiz saltó tras los pasos ya marcados por el cazador y su modestillo asistente. Esta vez Eufrasio se había mentalizado de su quehacer inminente: cazar. Esa serie de destrezas mencionadas por Ortega y Gasset le salieron de forma correcta y se produjo el lance, según el citado autor.

> *Pues bien, para que se produzca genuinamente ese preciso acontecimiento que llamamos cacería es menester que el animal procurado tenga su chance, que pueda, en principio, evitar su captura; es decir, que posea medios de alguna eficacia para escapar a la persecución, pues la caza es precisamente la serie de esfuerzos y destrezas que el cazador tiene que poner en ejercicio para dominar con suficiente frecuencia los contramedios del animal objeto de ello.*

El enroque de la pieza hizo que su vuelo se cercenara y cayera en el suelo más tupido del forraje. Poco se hizo esperar el cobro. El perro, tras leves dubitaciones y repentinas tenues muestras, orientó su hocico hacia la pieza, que fue cobrada sin demora. Cuando Eufrasio quiso husmear la situación de sus correligionarios cinegéticos, se dio cuenta de que en un círculo de unos trescientos metros que dominaba por la altiplanicie que pisaba en esos instantes se encontraba solo ante su instinto cazador. Miró intensamente a su alrededor: la ausencia de compañeros era ostensible. Tal vez el lance efectuado por Frasi y la oportunidad que había tenido ante las patirrojas que se le habían cruzado con anterioridad provocó la estampida del resto de la cuadrilla. Las dos colleras de asistentes al acotado se dispersaron a ambos lados de Eufrasio. Tocaba a este adentrarse en un olivar vasto en sus dimensiones. No quiso apartarse de la estrategia trazada al principio por Quico y Juan María, ambos tenían algo de experiencia en la parte de la finca que pretendían batir.

Frasi continuó la marcha por entre los inductores aceituneros y tardó unos quince o veinte minutos en cruzar el olivar. Desembocó su andadura en una tierra calma, extensa y rala. Koran, cuando había laceado unos trescientos metros de la susodicha superficie, comenzó a mostrarse algo inquieto. A casi setenta metros se le arrancaron dos perdices casi sin despegarse del suelo, a poco más de medio metro de altura. Nuestro perseguidor gallináceo se dispuso a seguir en la dirección del vuelo de las incordiadas patirrojas. Frasi se quedó con el aterrizaje de estas y trazó una vulgar y deficiente estrategia, todo para poder levantarlas a tiro en un momento dado.

Cuando llegó al lugar aproximado de la toma de contacto con el suelo, parecía que se las había tragado la tierra, no aparecieron por ningún lado. Koran ni siquiera se mostró activo ante los posibles calientes del rastro pertinente. La ausencia de alguna posible guía de su auxiliar hizo que Eufrasio desistiera de continuar la búsqueda de la collera levantada con anterioridad. Ante la vasta paramera que se le presentaba por delante y la ausencia de compañeros, decidió volver hacia los coches dando un pequeño rodeo. Notaba Frasi como un presentimiento de cierto desaire por parte de los componentes de la cuadrilla, que se le habían distanciado buscando otros derroteros más propicios. Además de percibir cierto distanciamiento, se habían emparejado tanto Juan María y Quico como Félix y Óscar, dejándole en un absoluto e individual abandono. Pero lo que no sabían las dos parejas era que a Frasi le daba igual la soledad en cualquiera de sus formas. A lo lejos se percató de dos siluetas, las de Óscar y Félix, que ya habían dado la vuelta y se desplazaban por la linde del acotado en dirección a los vehículos. La distancia era de cierta consideración, por lo que tardaría tiempo en alcanzarlos.

Frasi apretó el paso, pero sus piernas no le permitían un desplazamiento rápido, motivo por el cual desistió de la persecución de los dos avistados. Sin embargo, a pesar de todo, a su ritmo podía soportar los rigores de las largas caminatas que requería la caza de la perdiz a rabo. A lo lejos vio venir una moto por medio de la besana: era el guarda del coto que venía a avisarle de que Quico y Juan María le esperaban cerca del cortijo donde tenían los coches. El mensaje era para que se diera prisa para organizar de nuevo la mano por aquella parte de la finca que ese día estaban cazando. Frasi tardó casi media hora en llegar a una casilla abandonada donde los vehículos se encontraban. No había ni rastro de Juan María ni de Quico, se habían marchado y habían desplazado sus vehículos con ellos.

Eufrasio se dispuso a cambiar a Koran por Bruma, que aguardaba tranquila en el remolque. Una vez realizada el cambio del asistente, se dispuso a continuar la marcha en busca de posibles lances cinegéticos. Tuvo que patear primero un trozo de camino, hasta llegar a un regato que pasaba por encima de este, teniendo que sortear el pequeño cauce. Tras el accidente del terreno se disponía una pequeña elevación que impedía ver las futuras siembras de trigo que brotarían, un poco exiguas. Eufrasio, al coronar el pequeño montículo, se dio de bruces con Óscar y Félix, que venían de vuelta por la linde del acotado. En el encuentro comentaron la trayectoria de la media jornada que, hasta la hora del Ángelus, de cómo se había desarrollado la mañana. Los resultados eran escasos respecto de la cuantificación de piezas cobradas. Óscar estaba un poco malhumorado porque en su encuentro también con el guarda, este, al preguntarle por Quico y Juan María, le comentó que habían cogido los vehículos y se habían pasado al otro lado de la carretera que dividía la finca.

Al mismo tiempo, le hizo hincapié de que le comentara al resto del grupo, que hicieran lo mismo. Se podría resumir en que se habían marchado y metido como espabilados de turno en lo lleno y sin previo aviso, motivado sobre todo porque los dos iban de bolo tras el primer pateo matutino. Cuando llegaron Eufrasio, Óscar y Félix al nuevo cazadero del día, Quico y Juan María se habían zorreado de lo lindo y ya se escuchaban las primeras detonaciones. Sin duda alguna la lucha por la hegemonía cinegética se había adueñado de sus corazones y, como se decía en el colegio de Eufrasio, tonto el último. Óscar, que casi siempre cazaba emparejado con Quico, hizo pequeñas murmuraciones acerca de la situación planteada por los dos desertores de la cuadrilla. Era evidente que cada uno de ellos se había arrimado al sol que más calentaba.

Eufrasio, como el mundo no se acababa con esas actitudes, lento y parsimonioso se dispuso a empuñar de nuevo su paralela y bajar a Bruma que lo acompañaría el resto de la jornada. El binomio compuesto por Óscar y Félix tomaron la iniciativa al lado opuesto de donde se desplazaban Juan María y Quico. De nuevo Frasi quedaba deshermanado, cosa que no era ni el más mínimo problema para él, se las apañaba bien en solitario; a veces lo prefería, para poder de ese modo atenuar los fallos que en ocasiones se producían. Solo había que comentar que le habían salido muy largas y problema solucionado, una de esas excusas que los cazadores son tan proclives. Tuvo Eufrasio un compañero de caza, Estacio, que en algunas ocasiones, cuando se encontraban cazando conejos y Frasi con su perro le echaba algún que otro gazapo, cuando llegaba a su altura y le comentaba: «¿No has visto el conejo?», Estacio le espetaba: «¡Era muy chico! ¡Al fin y al cabo de algo se tiene que llenar la vida y los cazadores ante el vacío zurronero, la llenan de ilusiones, fantasías, ensoñaciones y los emocionantes encuentros con la inquietante Venus!».

A Eufrasio solo le quedaba tirar por la calle de en medio. Impasible, meditabundo, pero seguro de las fauces de su acompañante, se dispuso casi sin esperanzas de poder abatir pieza alguna. Sus compañeros habían tomado la iniciativa y escogido tal vez los emplazamientos más querenciosos para las perdices. Unos rascones de acebuches y zarzas se alineaban en paralelo a la dirección que había tomado Frasi. Bruma comenzó a ponerse algo nerviosa y su dueño estimó que se trataría de algún conejo. Efectivamente, así fue, la perra, que se había metido en la línea de la disposición arbustiva, se quedó inmóvil. A pocos metros saltaba gazapeando por el rastrojo un conejo derecho a su madriguera. Eufrasio se contuvo, solo apretó con fuerza la cintura de su compañera de caños tersos y maderas delicadas, no era la pieza objeto de caza aquel día. La perra, cuando salió del enmarañado zarzal, miró a Frasi para pedirle explicaciones por la ausencia de las detonaciones correspondientes. Los perros muy probablemente no tienen por qué saber ciertas cosas de los humanos, usan su instinto natural y no razonan acerca de la ética, ni la estética, la moral y las frecuentes y absurdas leyes o normativas que deambulan contingentemente en medio de la sociedad humana. Toda esta composición inteligible se la ofrecía

Eufrasio a su acompañante de forma razonada pero dictatorial, una imposición que Bruma aceptaba pero no compartía. Era obediente pero no dócil.

En Eufrasio era habitual también ese comportamiento: obedecía y respetaba las legalidades establecidas por el *Leviatán,* ese demonio estatal que lo quiere dominar todo para seguir subsistiendo en las profundidades demagógicas. Sin embargo, Frasi estimaba que en muchas ocasiones se alejan del concepto formalista de lo justo. Carecía por tanto de la docilidad recomendada frecuentemente por los poderes establecidos al efecto, que solo sirven entre otras cosas para mantener a los seres humanos en un redil demagógico instaurado al efecto. Eufrasio era esa oveja negra que prefería la educación a la instrucción. Desde muy pequeño se había posicionado en contra de cualquier tipo de imposiciones, por eso tal vez su caligrafía expresaba un acto de rebeldía sobre los poderes establecidos. ¿Por qué siempre tenían que llevar razón las carentes o al menos de dudosa legitimidad las autoridades establecidas? ¿Es que no se puede dudar de los dirigentes de turno acerca de su inoperancia y la legitimidad? Eufrasio no lo podía remediar, cada vez que se le cruzaba un pensamiento, su mente se disparaba hacia derroteros insospechados. Suerte que sus ideas discrepantes se quedaban en las celdas de su intelecto y casi nunca las exponía a sus conciudadanos. Una vez terminada la meditación teórica y abstracta, notaba cómo aquel día el cansancio se le acumulaba en sus músculos, pero su resistencia a cualquier tipo de dolor le hacía seguir con su cometido cinegético. Bruma, después de haber refunfuñado con su mirada, seguía cazando por el cervigón cubierto de arbustos y algún que otro álamo seco.

A poca distancia de la breve muestra del conejo, la perra volvió a quedarse estática, casi petrificada. Casi no tuvo Eufrasio tiempo para pensar acerca del animal objeto de persecución. Una perdiz emprendió un vuelo rasante hacia su izquierda y los caños de su escopeta no dudaron en rayar su dirección. Apenas tuvo que adelantar la pieza pues la distancia no era significativa. El animal rodó por la rastrojera. Bruma, que estaba atenta a la escena cinegética, se hizo con el ave al instante. Al levantar la vista tras el cobro del pájaro, observó que Quico se dirigía a su encuentro en la misma dirección que el pájaro había tomado para su huida. Aunque la distancia era considerable, había contemplado la escena en su totalidad. Quico, que se disponía al parecer a patear el ribazo que traía Eufrasio, como visionario de lo sucedido se desvió de su objetivo. Eufrasio siguió por el talud que dividía los dos tipos de cultivo.

Frasi ya estaba satisfecho con las capturas de la jornada, la satisfacción cinegética no tiene que pasar siempre por la categoría cuantitativa. Por inercia y para no discrepar más del resto del grupo, siguió cazando o simplemente paseando su escopeta y su perro por tierras lejanas a los «tesos mondos de Renedo», como comentaba don Miguel. Empero, le daban en cierto modo esa libertad deseada por cualquier ser humano, aunque fuera por unos instantes, los que se tarda en pensar en ello precisamente. Incluso se sentía molesto, no quería sustraer más nada a la naturaleza aquel día. Desplazado y de libre espectador solo a unos doscientos metros, detectó la presencia de otro cazador. Sin duda debería ser Juan María.

Efectivamente, la silueta de este le sirvió para manifestar su presencia, parecía que una mano teísta iba a poner en el destino de Eufrasio dos escenas similares. Bruma de nuevo se mostró inerte y en un santiamén una patirroja era aprehendida por la retina de Frasi. Los caños hablaron de nuevo y en la segunda detonación el pájaro rodó nuevamente por la rastrojera. Juan María, tras el cobro de la pieza por parte de la perra de Eufrasio, no se desvió de la trayectoria que traía. Se fue al encuentro de su compañero y estuvieron comentando acerca de la jornada. Las perchas de Juan María y de Quico al parecer eran exiguas; para estos la cuantificación de piezas era su cometido principal. A la insinuación premeditada de Frasi de dar por terminada la jornada, Juan María comentó que todavía era temprano y que al igual que Quico iban a seguir extirpando terrones. A Frasi le sobraba ya cualquier tipo de acción cinegética, los lances proporcionados durante la jornada habían sido satisfactorios, bellos, expresivos y de experiencias estéticas inolvidables. Eufrasio recogió velas en solitario y dejó la embarcación cinegética para otro día. Cercenada de los Reyes era uno de esos pueblos de la campiña andaluza donde se conjuga un tipo de idiosincrasia al menos singular. Era característico del lugar una comida sencilla pero exquisita, llena de los sabores que solo saben apreciar aquellos que con la práctica y las costumbres de sus ancestros han conservado, lejos de las visiones fácticas de productos abyectos al perfeccionismo.

Esos productos predeterminados genéticamente, insípidos y repletos de residuos ponzoñosos en los que la vista sirve de engaño al paladar y al aparato digestivo. Eufrasio vivía en ese lugar. No todos los ciudadanos compartían las mismas perspectivas acerca del mundo que les rodeaba. Se distinguía la pequeña ciudadela de Cercenada de los Reyes por una apatía a los residuos feudales que habían habitado caseríos y haciendas.

Al mismo tiempo contemplaba encantado la ornamentación y las fachadas de estas, de esas moradas de patio central y distributivo, tejas árabes y herraje forjado, fruto de un pasado en el que no debería haber existido tanta desigualdad entre los seres humanos; circunstancia esta que no solo no tendría que haberse dado, sino que sería muy conveniente que no se siguiera dando como era habitual en los tiempos actuales. Pensaba Eufrasio, así como parte de la población existente, que la burguesía, con su gran poder de adaptación a cualquier régimen político, y que había sustituido al feudalismo, había proporcionado en cierto modo algunas hambrunas, guerras y desigualdades entre los seres humanos, circunstancia que, según el profesor que admiraba la historia, Eulogio Velasco, no había proporcionado la mencionada desigualdad por parte del feudalismo. Los señores feudales ya se encargaban de que sus súbditos estuvieran socialmente dispuestos a contribuir con la causa, aunque fuera el del señorío feudal imperante. Otra de las peculiaridades que ostentaba el pequeño pueblo andaluz era que gozaba de la sabiduría del campo y la viveza de la urbe, una especie de virtud aristotélica, que no tenía por qué coincidir ni con el término medio ni con el abstracto bien común.

Cuando llegó a su casa, Eufrasio avió los perros y acicaló a su amante, esbelta y preciosa compañera sentimental con su fina cintura de raíz de nogal, aún joven a pesar del tiempo y con virtudes estéticas dignas de una lozanía precoz. La amaba y cuidaba con la misma delicadeza que custodiaba a su persistente novia existencial. Dispuso el botín cinegético en el frigorífico para cumplir al menos con el *rigor mortis*. Pasado ese tiempo descuartizaba las piezas para su consumo.

Degustó aquel día unas viandas a base de cordero asado al horno con sus correspondientes patatas *désirée* cultivadas con estiércol y lejos de frituras afrancesadas, se dispuso a descansar un rato. Quería terminar de leer uno de esos libros raros de los que apenas se enteraba de lo que se exponía. Era de un tal Rousseau y se titulaba *Ensoñaciones de un viejo solitario*. Al día siguiente había que continuar con la jornada laboral. Eufrasio, por esos avatares de la vida, desarrollaba su trabajo como encargado de la administración y el mantenimiento de un antiguo edificio. Adyacente en su origen al matadero de la capital de la provincia por mor del destino, con el tiempo lo habilitó la Administración para ser la sede de la Facultad de Filosofía que, expulsada de su sede en una antigua fábrica de azulejos y alfarería artesanal, se ubicó en el citado lugar, cambiando el edificio los matarifes al uso por matachines orientadores de ideas incómodas y poco usuales.

Desde muy joven se le habían dado muy bien los números, aunque su delirio eran las letras, leía todo lo que caía en sus manos. Uno de sus profesores de bachillerato, don Telesforo, comentó después de haber abandonado el instituto que era capaz de leerse hasta el *Psicoanálisis* de Freud y *Así habló Zaratustra* de Friedrich Nietzsche del tirón. La proximidad de su lugar de trabajo con el edificio que amparaba la sede del edificio universitario descrito hizo que entablara amistades con el bibliotecario de la entidad académica. Este, por el aprecio que le tenía, hacía la vista gorda. Eufrasio, cada vez que tenía tiempo libre, se introducía por las estanterías que soportaban los pensamientos e ilusiones de los miles de escritores, literatos, matemáticos y por supuesto filósofos. Con una devoción acérrima a la lectura, engullía libros uno detrás de otro, cada vez más raros e infumables. Las novelas y el teatro le aburrían demasiado; a pesar de todo, alguna que otra, en función del autor, cuando caía en sus manos las devoraba igualmente.

# Aluvión de desengaños

*3 de noviembre de 2020*

Sin saber por qué, Eufrasio había caído en esa especie de infortunio y desventurado olvido de la cuadrilla. El fin de semana que había pasado, ninguno de sus acompañantes cinegéticos le dirigieron la palabra acerca de la asistencia al acotado para patear nuevamente la finca tras las perdices. Posiblemente algún que otro pensamiento enmarañado les había cegado su visión acerca de Frasi. Siempre le habían tenido por lo que era verdaderamente. Le habían colgado un marchamo cercano a la mediocridad en cuanto a escopeta y niveles académicos; aun así, ya llevaba dos años que la fortuna le sonreía y, a pesar de sus cortos pasos y anodina puntería, le hicieron estas circunstancias subir virtualmente en la escala de la abstracta hegemonía cinegética, que, al fin y al cabo, eran como las notas de un examen, que intentan cuantificar la parcial sabiduría de cualquier individuo.

Para Eufrasio, todo esto solo servía para saber la inexactitud de las apreciaciones que tenían de él, tanto en el caso de los profesores que había tenido como en el de la cuadrilla. Eufrasio de todas formas tanto el sábado como el domingo se quedó en casa echando una mano a su familia que lo necesitaba, y cómo no, leyendo y repensando algunas de sus ensoñaciones que, a veces transcribía, con su perversa caligrafía. Las ganas de salir al campo de nuevo con sus perros se habían duplicado por la ausencia de aire puro. El éter no solo se contamina de gérmenes, también de corrompidos pensamientos, precisamente por la convivencia y disputa constante a las que está acostumbrado el ser humano. Es el afán de superioridad dentro de la sociedad lo que en parte corrompe a las mujeres y a los hombres. El ser humano es bueno por naturaleza; la sociedad se encarga de corromperlo. Rousseau ya lo anunciaba en sus escritos.

Esas disputas por todo o casi todo, ser o llegar el primero, a lo más alto, las posesiones cuanto más mejor, para que te cataloguen como triunfador existencial. En sus a veces indómitos pensamientos se le antojaba que existen deportes fomentados por los estados y Gobiernos de turno, que entre otras cosas provocan violencia y disputas. Después, como decía don Miguel Delibes, cada espectador cree que está haciendo el deporte que ve, pero lógicamente también inconscientemente al mismo tiempo las realiza con encarnizadas y violentas contiendas. A Eufrasio en sus desvaríos le afloraban detalles que podrían evitar esas disputas. Por ejemplo, si le dieran una pelota a cada jugador, ya se terminarían las trifulcas por la posesión de estas.

Para Frasi existía cierta similitud con las actuaciones de los Gobiernos y Estados, ante la imposibilidad de ofrecer una pelota a cada ciudadano, repartía algunos mendrugos redondos, y que cada jugador de la sociedad, a codazos y patadas cogiera lo que pudiera. Eran esos mandatarios sociales, como el maestrillo de Villarretuerta del Campo, que cuando llegaba a la taberna después de impartir su docencia en la pequeña aldea, y le preguntaba el tabernero: «¿Qué? ¿Cómo ha ido eso?», y respondía: «Pues muy bien. Yo llego a la clase, reparto mi sabiduría por toda el aula y que cada uno coja la que pueda». Eufrasio llegó al lugar prefijado de encuentro en el acotado, cerca del cortijo, para dejar los vehículos a la vista de los trabajadores de la finca. No había llegado nadie. Dispuso su coche cerca de las paredes del rancio y precioso edificio blanco y se dispuso a esperar el resto de los componentes de la cuadrilla.

Al poco tiempo llegaron en una especie de caravana, con disposiciones violentas e intimidatorias, Quico, Óscar y Juan María. Aparcaron los coches al lado contrario del de Eufrasio. Este se fue acercando a ellos para darles los buenos días. Cual no fue la sorpresa de Eufrasio que, acto seguido, tras el murmurador y malhumorado saludo, Quico y Óscar le espetaron varios reproches acerca de sus actuaciones estratégicas y formas de cazar. Eufrasio comprendió enseguida que era por haberse metido en medio de las dos partidas que habían formado el tetraedro bípedo del día anterior. La causa de la ira que aturdía y cegaba a los opositores cinegéticos de Eufrasio era evidente, las perchas habrían sido reducidas o casi nulas en algunos casos. Frasi dirigió su mirada a Juan María para ver si le proporcionaba un poco de amparo ante la situación casi violenta de los dos instigadores. El esperado abogado defensor de turno de oficio que Eufrasio esperaba rehusó la defensa y dejó a su compañero de tiempos pasados en la más absoluta indefensión. Juan María, con su silencio sepulcral, en parte promovía y aseveraba las acusaciones de aquellos dos bípedos implumes. Eufrasio se defendió con sus teorías argumentativas y que no pudieron rebatir. Eran lo suficientemente aceptables para cualquier juicio crítico que se preciara. No hay personas más sordas que las que no quieren escuchar. Acostumbrados a vociferar, la terna bipolar pedestre por Federico y Óscar para intentar llevar la razón incrementaban por momentos el tono de voz. Tal vez para intimidar a Eufrasio, que impasible escuchaba unas acusaciones infundadas en su totalidad. No había diálogo, la conversación no era recíproca y menos horizontal.

Desde su verticalidad impositiva trataban una y otra vez de achantar a Eufrasio, que permanecía inerte a las incriminaciones hostiles y amenazantes, todo por mantener una escala en la cumbre cinegética, con lo bonito que es compartir los bienes que la naturaleza nos ofrece. Frasi solo les hizo un comentario, en particular a Quico, que llevaba la voz cantante:

—¡¡Quico, no me amenaces!! Había solo una persona a la que temía, a mi compadre, y ya no está en este mundo.

Eufrasio se dio media vuelta y les obsequió con su espalda. No quería enfrentarse a energúmenos ilustrados y vanidosos, el materialismo que profesan les hace seres hostiles e indeseables.

A Frasi lo que verdaderamente le asustaba eran sus posibles actos al verse intimidado. Defender su orgullo le podía acarrear consecuencias no adecuadas para poder seguir cazando y optó por apuntarse a la hermandad de D. Francisco Romero López, cuyo lema decía que, en una disputa, el más valiente es el que se marcha. No soltó ni a los perros para que estiraran un poco sus músculos. Se marchó del coto, no quiso participar en una jornada con discípulos de la tan actual y frecuente violenta cultura de la cebada macerada, y algunos simpatizantes de la pelotita que incitan a una nueva rebarbarización de la humanidad. Todo para que esos personajillos puedan presumir o fantasmear no se sabe de qué; al fin y al cabo, las ideas socráticas y esa naturaleza que le rodea les superan y los hacen ínfimos. El cielo puede presumir de su altura, el mar de su hondura, la tierra de su estatura, pero esos seres humanos al uso solo de su mentalidad caricaturesca.

Al llegar a casa volvió a dar rienda suelta a su imaginación. En sus divagaciones había dispuesto su mente acerca de la universalidad de la caza, de cómo algo particular que abarca la rivalidad existente entre cosas bellas que no todos los seres humanos saben apreciar, considerar la caza como una unidad autónoma dentro de la multiplicidad de esta.

# El desengaño de Elías

*7 de noviembre de 2020*

La lluvia había impregnado los campos de Cercenada de los Reyes toda la noche. Eufrasio se dispuso aquella mañana a disfrutar nuevamente de una jornada cinegética. El agua podría ir ausentándose en el transcurso de la mañana. Efectivamente, al llegar a la finca la llovizna había cesado. El sol y el leve poniente que corría secaría las crestas de los terrones. Las relaciones con el resto de la cuadrilla habían sido abolidas por mor de unos efectos correlacionados con la caza y que al mismo tiempo nada tenían que ver con la misma.

Desplazado al cazadero, dispuso su vehículo donde estimó conveniente para poder patear las perdices en círculos, pues intuía que ese día cazaría solo. Ninguno de los socios del coto le había comunicado nada y, por la hora que era, las nueve de la mañana pasadas, parecía que cazaría sin espectadores propensos a la acidez mental. Como le decía su padre, buey solo bien se relame. Con su paralela preparada para pasar cualquier tipo de revista, su canana al cinto, el morral a la espalda, y con un poco de agua, se dispuso a comenzar la batida pertinente. En esta ocasión se dirigiría hacia la carretera sin arrimarse mucho a esta, para que los perros no se acercaran al compuesto alquitranado. Iría cazando desde los límites para dentro del acotado.

Al principio de su andadura una ligera pergaña se le fue pegando a sus botas. Los dos perros los llevaba cazando juntos, no pensaba prolongar la jornada como era costumbre usual en los demás componentes de la pequeña sociedad formada por los cinegéticos comanditarios. Cuando su mente comenzaba a divagar nuevamente sobre las musarañas de rigor, vio aparecer dos coches que se dirigían a su encuentro. Todavía no se había separado mucho del camino principal. Sin duda eran Juan María y Elías. Eufrasio, haciendo uso de su innata mano izquierda, se dispuso al encuentro de ambos. Juan María desde el coche, con cierto sarcasmo, le preguntó que por qué no le había avisado de que vendría al coto. Frasi solo le comentó que tampoco a él, o su esencia burocrática, le había comunicado nada. Eufrasio sabía que, si venía junto a Elías, este le habría llamado para quedar en el ventorrillo para desayunar. Elías, que tampoco tenía perro, no iba al coto a no ser que fuera acompañado de algún socio que los tuviera.

Suavizado el saludo por la presencia de Elías, Juan María no podía ocultar la ira acaramelada que le rebosaba por el rostro. Este preguntó a Eufrasio que por dónde tenía pensamiento de comenzar a cazar. Frasi le comentó la estrategia que pretendía seguir. La cara de Juan María era todo un poema. Al verse un poco supeditado a la iniciativa de Eufrasio, con Elías de testigo no tuvo más remedio que asentir lo dispuesto por Frasi que había llegado primero y que ya había comenzado a batir los primeros palmos del terreno. A Juan María le delataba nuevamente el enfado en la expresión de su rostro tras las leves instrucciones que Eufrasio había trazado para la batida. Frasi esperó a que los otros dos tardíos perseguidores gallináceos se asentaran sobre el terreno para comunicarle que se adelantaría para ir dando un rodeo cercano a la carretera para intentar meter los pájaros para dentro de la besana que pretendía patear esa mañana. Así lo hizo, mientras Elías y Juan María preparaban bártulos y pertrechos. Eufrasio comenzó su andadura hacia el longitudinal conglomerado asfáltico que dividía el acotado. La pergaña aún persistía por el empeño del rocío de la mañana que aún el sol no había podido vaporizar ni la tierra absorber. Cuando Eufrasio se fue aproximando a la carretera, su objetivo era que los perros no llegaran a sus aledaños para evitar los riesgos que podría llevar el recorrido a veces incontrolable de los perros, con las proximidades del tránsito de vehículos.

Conseguido el objetivo, Frasi se dispuso a avasallar los terrones de la besana en paralelo al susodicho elemento asfáltico dejándolo a una distancia prudencial. La mano ya estaba dispuesta, entretanto Elías y Juan María aparecían por el horizonte próximo atravesando los surcos y las tenues cordilleras que formaban las glebas apelmazadas de la tierra. Eufrasio, a unos cien metros de la carretera, se debatía entre el mantenimiento de su verticalidad y la no aproximación de sus auxiliares de caza al asfalto. Un pequeño regajo atravesaba una alcantarilla de la vía pública asfaltada. Vericuetos y forrajes conformaban el cauce del pequeño accidente formado por el agua accidental, que, cuando caía de forma gradual y persistente, se volvía placentera y reconfortante. Bruma no patroneaba a su compañero, pero Koran sí lo hacía con su acompañante pero rival en las cuestiones cinegéticas. Cuando le faltaban a Eufrasio unos doscientos metros para llegar a la hendidura que el agua y el tiempo se habían encargado de formar, Bruma se quedó petrificada a unos cincuenta metros del cauce. Koran tardó unos instantes en patronear la muestra de su compañera. Elías había cortado terreno por medio de las amelgas y se convertía en espectador privilegiado del lance.

Eufrasio aligeró su paso entre los terrones todo lo que sus piernas alcanzaban y se dispuso a una distancia adecuada para poder ejecutar un lance proporcionado en su distancia. Los dos perros permanecían inmóviles. Eufrasio tenía demasiado público expectante. Elías y Juan María observaban a la triada cazadora para otorgar un veredicto. El fallo tras la detonación le sucumbiría en una aterradora mediocridad, el acierto lo podría elevar en el escalamiento hacia la pura cuantificación de la hegemonía cinegética. Ni lo uno ni lo otro. Cuando Eufrasio logró llegar a una distancia prudencial de la correntía que atravesaba desde la carretera al llano, dos perdices amonadas entre el forraje se levantaron hostigadas por la cercana presencia humana y animal. Frasi se reportó con la primera detonación y el pájaro cayó en la depresión que el agua en sus continuos desplazamientos había hendido en la naturaleza.

El segundo estampido que provocó el caño izquierdo no coincidió con la trayectoria de la segunda gallinácea, atravesó por encima de la vía pública y se fue a criar en dirección a un rastrojo colindante. De cualquier forma, la escena contemplada merecía la pena retenerla en la mente, tras el análisis fotogénico de las retinas. Eufrasio, satisfecho del lance, se dispuso para el cobro, pero Koran, que detrás de la perra había permanecido inmóvil, se anticipó con el hecho recaudatorio de la pieza, esta fue cobrada y depositada con el esmero debido por parte de Eufrasio en el zurrón que portaba.

Como era de esperar, todos los movimientos eran realizados con la parsimonia debida, instantes después se dispuso a continuar la marcha en paralelo al regajo, a los pocos metros este se convertía además, por mor de los arados continuos, en un cervigón que separaba dos hazas de la propia finca. Elías se fue acercando a Frasi, como este había diseñado la táctica que se iba a utilizar ese concreto día de caza, Juan María se fue zorreando por detrás de sus dos compañeros, cada vez más distante de ellos. Al parecer el lance cinegético no le había gustado mucho, sobre todo que lo hubiese ejecutado otro.

Cuando Eufrasio miró en la dirección que había tomado Juan María, este había traspuesto la línea del horizonte, que coincidía con la altiplanicie longitudinal de la carretera. Elías se posicionó a una distancia apropiada, guardando la mano que Eufrasio había comenzado. No entendía la postura de Juan María. Había quedado el día anterior con Elías y ahora lo abandonaba y le colgaba el mochuelo a Eufrasio. Había hecho Juan María lo mismo que Quico y Óscar el día del guarda. Primero acordaron cazar a la mano juntos y, cuando la adversidad los envolvía, le endilgaban el muerto en pleno abandono cinegético. Eufrasio se vio obligado a desviarse de la linde. Elías se había dirigido a la misma y no la soltaba, se había dispuesto por tanto delante de Eufrasio. Frasi cortó por la calle de en medio y comenzó a patear las calles de terrones que el tractorista ayudado por su herramienta de trabajo había dispuesto en el desfondado del haza. Elías, que se desplazaba por el regato sin perro, debería haber dejado a Eufrasio que con los suyos cazaran el accidente del terreno, pero no lo hizo. Esperaba que en el forraje de la correntía pudiera haberse aplastado algún pájaro.

Durante un largo trecho no hubo incidente alguno digno de mención, cada uno en su línea imaginaria cazaron el terreno que tenían por delante. La posición de Eufrasio medio le obligaba a batir la línea mediana de la besana; esta se encontraba rasa y sin opciones para dar cobijo y mimetización a las perdices. Elías sí había cogido la linde más propicia para el resguardo de las patirrojas ante el acoso de depredadores, en el que lógicamente estaban incluidos los cazadores que las perseguían. Eufrasio llegó hasta la linde del acotado sin ningún encuentro con los apreciados lances cinegéticos; Elías en cambio había empujado un puñado de perdices hasta unos rascones que delimitaban la finca por la trayectoria que llevaba. Varias detonaciones realizó el único compañero que le quedó a Frasi, sin resultado positivo alguno, y por supuesto conservacionista benigno para la especie objeto de captura. Vació su poco agraciada repetidora y tres o cuatro perdices pasaron por delante de Eufrasio en las quimbambas totalmente fuera de tiro.

Eufrasio no tuvo más remedio que girar hacia donde se encontraba Elías, que había vuelto sobre sus pasos. Una vez que había terminado de patear la zona más arbustiva, se desplazó por uno de los lados de un lindazo propicio para la mimetización de alguna que otra perdiz. Frasi se dio un poco de prisa para alcanzar a Elías, que lo estaba esperando y cazar el cervigón del terreno. Este en algunos tramos era de cierta altura y el que iba por debajo si se arrancaba algún pájaro no lo podía tirar porque no lo veía. Por fin Elías se vino a la baraja. Ambos anduvieron casi en paralelo y al parejo sobre ambos lados del accidente de la parcela y, a pesar de que los dos perros trasteaban bien la vegetación arriba y abajo, no se levantó ninguna pieza.

Al llegar al final, Elías le comentó a Eufrasio que se iba por el camino en dirección a los coches para tomar algo y descansar. Frasi continuó casi en paralelo, pero pateando los terrones del haza. A esa hora las perdices esturreadas podrían aguantar la muestra de los perros aplastadas al suelo. Eufrasio anduvo toda la besana y se volvió por la misma a unos doscientos metros de donde se había desplazado la primera vez que la atravesó. Haciendo algunos movimientos a izquierda y derecha, junto con las lazadas de los perros intentaba batir todo el terreno que podía en solitario. No se levantó ni un rabo. Cuando llegó de nuevo al cervigón que había andado con Elías, vio a lo lejos un coche que antes no estaba: era el de Elías. Este estaba dando una vuelta casi en redondo a poca distancia del vehículo. Cuando Eufrasio llegó a su encuentro, Elías le comentó que si no le importaba y le parecía bien de cazar de nuevo a la mano juntos. Sin perro, acentuaba Elías, era difícil levantar alguna que otra pieza. Al parecer había intentado localizar al que iba a ser su compañero de fatigas, a Juan María, y este le había dejado plantado desde el principio de la jornada sin previo aviso, tomó las de Villadiego y se marchó hacia otros parajes de la finca. Elías y Eufrasio salieron de nuevo para batir otra de las hazas de la zona que había decidido cazar en aquel día. Bruma y Koran laceaban cruzándose ambos en sus lazadas y a corta distancia de Eufrasio. En la distancia Elías no perdía de vista a los dos perros. Frasi se fijaba más en los desplazamientos de la perra que en los del perro; esta era más fija en sus muestras que el macho. Elías se fue acercando en su desplazamiento hacia Eufrasio, por si alguno de los perros levantaba alguna perdiz. Elías iba de bolo y no era la primera vez en la temporada que había repetido esa circunstancia.

En uno de esos acercamientos a Eufrasio, Koran se quedó de muestra relativamente muy cerca de su dueño. Frasi se quedó un poco sorprendido porque Bruma acababa de pasar por esos dominios. Como la perra no patroneaba, seguía con sus movimientos de búsqueda. Koran permanecía inmóvil. Elías, espectador de excepción, se había acercado a su compañero. Eufrasio, por la cercanía de la muestra, se quedó parado y no anduvo ni un solo paso. En cuanto vio a su perro de muestra, Frasi se reportó, con la debida templanza, estrechó los contornos de su paralela, dejó cumplir la pieza que se levantó a escaso metro y medio de las fauces de Koran, y este casi al instante cobró el pájaro abatido por la certera detonación.

La escena cazadora fue de libro. Elías, que permanecía expectante, así se lo hizo saber a Eufrasio, que lo felicitó por el lance visualizado. Elías se vino al lado de Eufrasio y se sinceró con este:

—Tengo que hacerme de un perro como los tuyos, así se disfruta de la caza de la perdiz al salto.

Continuó aseverando que ahora comprendía la postura de los otros miembros de la cuadrilla. Elías le espetó:

—Frasi, no todo el mundo caza con el sentimiento y la perseverancia con que lo haces tú. Además, los perros te acompañan, ya no se puede pedir más.

Frasi le contestó:

—Elías, yo hago lo que puedo cuando cazo e intento disfrutar de los lances simplemente. No todo debe ser materialismo sensible. La caza se debe conjugar con lo estético, con lo inteligible.

Para Eufrasio los dos lances de la jornada eran más que suficientes para darse por satisfecho. Había disfrutado de sus perros, había diezmado la naturaleza lo suficiente para degustar placenteramente las viandas que le ofrecían. Había conjugado por tanto el sentido y la referencia del lenguaje cinegético, un lenguaje cinegético que hacía coincidir una vez más la representación sensible de sus ideas acerca de lo que es el arte de cazar. La unificación de lo particular de la mismidad de la caza con su misma universalidad, la unidad dentro de la multiplicidad que circunda todas las categorías y circunstancias aledañas a la vocación cinegética.

Eufrasio, que se encontraba relativamente cerca de su vehículo, le comentó a Elías que él daba por terminada la jornada y se marchaba. Su interlocutor le contestó que se daría otra vuelta por el rastrojo aledaño al haza arada que traían, buscando como era lógico la dirección de su coche. De Juan María nunca más se supo en aquella mañana. Eufrasio tuvo la deferencia, una vez que ya se desplazaba rumbo a su casa motorizado, de buscarlo para comunicarle lo mismo que a Elías, que se marchaba. Todo fue en vano, no pudo localizarlo desde la visión que le ofrecía su vehículo. Al llegar a casa y una vez aviado su *ganado* y purificada su *amante*, su mujer había preparado unas migas con chorizo y huevos fritos, que saboreó con la parsimonia debida, entregándose acto seguido en plenitud de sus intenciones a Morfeo, con la correspondiente felicidad acumulada de la jornada.

# La alianza de Venus con la Celsa

El duermevela de la siesta fue amplio en el tiempo y en la dimensión de su ensueño. Solo hacía meditar acerca de cómo podría explicar la unidad y lo particular de la caza dentro de la multiplicidad del mundo y de la universalidad de este si llegara la ocasión, la cual veía casi imposible. Para ello debería explicar algunas cosas que se le ocurrían, unidas a las anotaciones que tomaba de las diversas lecturas de aquellos libros raros e insípidos. Quizás poniendo algún ejemplo podría conjugar debidamente las anotaciones con la ensoñación. Era entonces cuando daba rienda suelta a sus pensamientos y se dejaba llevar por todo aquello que se le iba ocurriendo.

Debía por tanto Eufrasio hacer un pormenorizado análisis acerca de las circunstancias que debían coincidir en el ejemplo que deseaba exponer, sobre todo para poder explicar cómo la caza o algunas escenas se repiten a lo largo del tiempo, desde la tan manoseada mitología hasta nuestros días. Escoger una obra o imagen y que se aproximara lo máximo posible a la cuestión objeto de sus pensamientos no sería muy difícil. Estaba dispuesto Frasi a realizar un pequeño estudio detallado y para ello pretendía dirigir las miradas hacia una pintura que estimaba que reunía, si no todas, al menos una amplitud suficiente de rasgos o características que hicieran de la ilusionante exposición de sus pensamientos, una visión que aportara la suficiente claridad y distinción sobre la finalidad que quería perseguir. Una visión más acerca de la caza, no dejar a esta en un simple deporte, afición o la horripilante inactividad, para poder ocupar el tiempo libre de algunos ociosos. Es decir, que en cierta forma confluya el quehacer cinegético con un cierto clasicismo racionalista, que aflore en la exposición del tema e imagen notas y percepciones escondidas tras el velo rutinario de nuestras vidas. Al mismo tiempo la imagen mediante la cual intentaría relacionar con las exposiciones afines a la caza y la relación entre ambas debía conseguir y demostrar esa sencillez y unidad que Johann Winckelmann había detallado en sus averiguaciones sobre *La historia del arte en la antigüedad*. Lo que podrían ser los caracteres fundamentales de la belleza de la caza que la eleva a lo sublime. Una sencillez, unidad y cuasi corpus expuesta en una obra de arte expresa y que desencadena cierta universalidad de esta, alejándose con claridad meridiana de lo individual. En esta circunstancia, donde la unidad individual se preña de universalidad, podríamos encontrar el ideal, y a través de este la naturaleza es desplazada por el arte. Advertimos pues que esa unidad individual intemporal e irrepetible se convierte en un todo, que sitúa a las partes bellas de forma primordialmente armónicas, formas que de manera fehaciente adoptan la juventud, lo indeterminado y el *non finito* de Miguel Ángel ante lo expuesto. Es plausible que nos encontremos ante el ideal de belleza. La caza podría por tanto acarrear todo ese conjunto de confluencias para adentrarse en las profundidades del arte.

Si a todo lo anteriormente expuesto concurre que el concepto de estética se acerca a las referencias cercanas de la modernidad, donde confluyen sentimientos, bellas artes y sensibilidad, definida nada más y nada menos que por David Hume como la capacidad de ver en profundidad algo, o un plus emotivo a nuestra percepción. La abstracción nos invita a dejar a un lado los formalismos intentando legitimar el ámbito de la estética, como pretendía el pensamiento kantiano.

Existiría por tanto un alto grado de poder sentir subjetivamente cierto sentimiento placentero, y que posiblemente es otro de los grandes objetivos de la estética, que, independientemente del descrito en la obra que tiene la caza como fondo y además el objetivo plasmado por el autor de esta, constituye la transmisión placentera experimentada por los personajes que se representan. En la imagen de la obra que Eufrasio recordaba con premura y constancia se puede apreciar una muy probable sensibilidad subjetiva, abstracción. O como diría Ortega y Gasset, con el gran poder del ensimismamiento que aflora en ciertas personas que cazan y que aman al mismo tiempo otros menesteres existenciales. Pero tienen que elegir sobre una de las dos opciones. Eufrasio se había visto en esa tesitura en multitud de ocasiones, por eso concatenaba su imagen y sus decisiones. Observaba como cierto trasfondo, al mismo tiempo que percibía la esmerada sensibilidad perceptible de los actores de esta, toda vez que la mitología, y mediante el conocimiento de esta, se había encargado de transmitirnos la finalidad descrita. Estaba dispuesto Frasi a explicitar y describir la interpretación de una imagen que, además de estimarlo pertinente, podría poner de ejemplo, ya que para él encajaba en una de las opciones que su forma de vida le había puesto ante ciertas tesituras. Unas dilucidaciones que, al igual que a otros muchos practicantes de la caza, quizás hayan preferido omitir o tal vez se les haya pasado por alto. Desde que Eufrasio vio esa pintura parecía que se le iluminaba la mente de recuerdos imborrables, llenos de momentos maravillosos de la vida. Frasi, cada vez que contemplaba el cuadro, lo encajaba perfectamente en momentos existenciales propios. Conjugar el arte recreado en la belleza, la caza y la mitología sería una tarea ardua pero no imposible. El estilo barroco de Rubens, perteneciente a la escuela flamenca, «educado en un entorno humanista e inmerso en la mentalidad renacentista, lo cual marcó su evidente admiración por la belleza griega». Plasmó el autor de referencia en su fecha de forma magistral, al menos para Eufrasio, el mito de Venus y Adonis. Tendría que hacer mención en primer lugar de el motivo por el cual el cuadro de Rubens le parecía tan maravilloso. Habiendo tomado nota Frasi de lo que expresaba J.G Sulzer en su *Teoría general de las bellas artes*, en ella mantenía que «la principal finalidad de las bellas artes es la excitación del sentimiento». Así lo valoraba Eufrasio subjetivamente. Se atrevía a aseverar que lo había conseguido en un elevado grado para su satisfacción personal. De esa forma estaría ante una verdadera experiencia estética. En la obra en cuestión lo primero que sería preciso es fijarse en que su finalidad es objetiva y reflexionante. Tiene como finalidad un objetivo que es conseguido mediante la reflexión de lo que pudiera significar la escena plasmada en el cuadro. Quería entender Eufrasio que cumplía casi fielmente con la definición del criterio estético que se debía tener acerca del clasicismo racionalista, a saber, que la perfección del ser humano, la inspiración en obras y modelos de la antigüedad de Grecia y Roma, la exaltación de los rasgos físicos, las formas de ser y de vivir, siendo lo más fiel posible que el autor pueda plasmar. Eufrasio simpatizaba fielmente con este tipo de obras; además, el mensaje que pretendía plasmar para la futura existencia del ser humano. La sencillez y la claridad esbozando equilibrios armónicos para poder deducir cierto orden. El clasicismo siempre estaba orientado hacia una actitud pedagógica, plasmado de hechos históricos. En el caso que Frasi pretendía exaltar, era sin duda el mitológico. Paralelamente, buscaba que la imagen fuese independiente, sin movimientos asociados, y aproximarse a la realidad para poder abstraernos en el momento exacto de la obra y su interpretación.

En segundo lugar, Eufrasio admiraba que la pintura en cuestión se podía exponer de forma subjetiva y determinante, porque el sentimiento y la sensibilidad del trasfondo de la obra se podría considerar perfectamente válida. Permite pues que el objeto sea por sí mismo y al mismo tiempo es consecuente con sus exigencias, lo constituye y lo determina. A pesar de todo, entendía Eufrasio que sería una opción difícil, pero al menos intentaría explicar, utilizando la trazabilidad del mito y las sensaciones empiristas que iluminaron a Kant para desarrollar entre otros, sus estudios acerca de la estética y que, en la actualidad se siguen desarrollando, entre otras cosas por la gran problemática que conlleva la misma estética. Para ello, estimaba Frasi que se podría considerar que, para tener una experiencia estética, es preciso jugar con los sentimientos, como nos anticipaba J.G. Sulzer.

A propósito de la obra y respecto al enjuiciamiento de esta, tendría que dar traslado a la visión de Kant, para quien juzgar significa subsumir lo particular en lo universal, y dicho juicio se puede realizar de las dos formas antes descritas: de forma reflexionante y de forma determinante.

Para que su análisis fuese más factible, Eufrasio estimaba oportuno tener el conocimiento del mito interpretado en la obra, así como la explicación de la selección de esta, toda vez que existen varias versiones de esta, del mismo autor y de otros artistas, en pintura y escultura. Frasi estaba dispuesto a comenzar la descripción del mito que, a grandes rasgos, era contundente, pues el mito de Adonis es una leyenda de origen sirio. La versión más antigua conocida de este mito cuenta que Mirra (o Esmirna), hija de Tías (rey de Siria), fue objetivo de la ira de Afrodita, la cual le hizo desear una relación incestuosa con su propio padre. Él, engañado, cayó en el incesto y este fue consumado. Sin embargo, Tías, al darse cuenta de que había sido engañado, persiguió a su hija con un cuchillo para darle muerte. Mirra huyó e imploró la protección de los dioses, los cuales la transformaron en árbol para protegerla (el árbol de la mirra). Diez meses después surgió un niño de debajo de la corteza de este árbol, cuyo nombre sería Adonis.

Afrodita, embaucada por la belleza del niño, decidió reco-gerlo y confiárselo a Perséfone (diosa de los infiernos) para que lo cuidara; pero Perséfone también quedó prendada del niño y no quiso devolvérselo a Afrodita. Para resolver la disputa entre las diosas fue necesaria la intervención de Zeus, quien decidió que Adonis viviría un tercio del año con Afrodita, otro con Perséfone y el último donde él deseara. El resultado fue que Adonis pasaba dos tercios del año junto a Afrodita y solo uno junto a Perséfone (aquí hay que ver la vinculación del mito con la naturaleza, el mito de un niño nacido de un árbol que pasa un tercio del año bajo tierra y el resto en el exterior). Finalmente, un jabalí enviado por Artemisa hirió de muerte al joven durante una cacería. Eufrasio hacía hincapié en que en la actualidad el ser humano ha de ser consciente de los cambios que sufren las leyendas, especialmente en las versiones posteriores al origen, resaltando en esta ocasión que Afrodita es una diosa griega, y Venus pertenece a la cultura de Roma. Frasi quería subrayar fehacientemente que los romanos eran afines para nombrar a sus dioses con estrellas o planetas. Por tanto, cuando se analizara el mito, el lugar de Afrodita lo ocuparía la diosa Venus. Habría que tener en cuenta por tanto que, en líneas generales, eran las diosas de la belleza, el romance, etc. No era menos cierto que, a pesar de la coincidencia en rasgos generalizados, existían pequeños matices que, en ciertos términos, las hacían diferentes. Lo que sí podemos resaltar es que ostentaban en alto grado la capacidad de controlar los sentimientos internos de los hombres, como el amor o la pasión, objeto que estimaba Eufrasio quedaba suficientemente demostrado en la pintura que seleccionaba de su mente. Eufrasio era consciente de que no era la persona más adecuada para poder realizar un análisis exhaustivo de la obra pictórica, por el simple hecho de no tener la formación académica adecuada a tal fin. Pero, consciente de que la descripción del cuadro por su parte no dejaría de ser más que rudimentaria y abreviada, como decía Aristóteles en su *Ética a Nicómaco*. Aun así, se tomaría la licencia de resaltar algunos aspectos, para tener una perspectiva acorde hacia el fin objeto de la explicación pretendida.

Si se trazara una línea vertical en el cuadro, nos encontraríamos con un claroscuro, en el que Venus es expuesta despojada de sus ropas y ofreciendo la blancura de su cuerpo exuberante, casi en plena madurez, pero con un rostro juvenil —recordemos que las formas juveniles con cierta indefinición se aproximan exponencialmente al ideal de belleza—, de cabellos rubios y largos, mostrando cierto alboroto, síntoma de cierta actividad física. Junto a ella, sombras y oscuridad, como si tuviera que refugiarse ante alguna deidad, porque el tiempo de su relación amorosa, fruto del deseo y el romance con Adonis, había concluido esencialmente por la decisión de su amado.

Mientras Venus es mostrada en su natural desnudez, sin objetos donde aferrarse, solo mantiene entre sus manos a Adonis, entendiendo que su vida era realizada plenamente mediante el amor y el romance, fruto de su atractivo personal. Venus, consciente de su situación, intenta detener a Adonis y atraerlo nuevamente hacia ella. Quiere retenerlo entre sus brazos por sus sentimientos de atracción hacia la belleza de Adonis, para poder conseguir que la abstracción de la experiencia estética con su amado perdurara el mayor tiempo posible, por un periodo indefinido, en una eternidad amorosa idolatrada. Según Eufrasio habría que tener en cuenta que se estaba refiriendo en toda su magnitud a la mitología y que esta era hija de su tiempo. También habría que tener presente y recordar que Venus (Afrodita) había sido castigada junto con Perséfone (diosa de los infiernos) por Zeus en la rivalidad de ambas por la posesión de Adonis. La imposición de Zeus era que viviría un tercio del año con cada una y el restante donde él quisiera.

Como es obvio, la interpretación puede resultar de fácil asimilación si se tenía en cuenta los tres posibles momentos en la natural vida de Adonis. Eufrasio lo veía en su revuelta mente con claridad meridiana, un tercio de esta como necesidad fisiológica (Perséfone), pero disfrutando de la vida, algo así como lo que proponía en uno de sus estudios Leibniz, claridad con algo de confusión, otra tercera parte entregado a la vida amorosa y placentera con Venus y el tercio restante de libre disposición, y como se podía vislumbrar, afloraba la clamorosa voluntad de Adonis. Este tercer momento no era otro que su inmersión en la naturaleza y la búsqueda constante de lances cinegéticos, impregnados de experiencia estética, como nos muestra el momento de partida en el que intenta el encuentro con los apreciados lances de Eufrasio, que son plasmados de forma física y metafísica, lo cual estimaba el pensador ilusionado era perfectamente plasmado por Rubens. Para ello seguiría con la descripción de la pintura, y en la otra línea de la verticalidad se observaba a un Adonis mostrando un cuerpo musculado y recio, de rostro también muy juvenil, de piel más oscura, como consecuencia de su transcurrir vital entre la naturaleza. Su vestido rojo indicaba vitalidad e iniciativa hacia un plano con mayor luminosidad, acompañado de sus perros auxiliares y una lanza, dando la impresión de buscar otros momentos estéticos que le produjeran cierto estado de éxtasis, la consecución de un lance cinegético. Este concepto para Eufrasio y sus cavilaciones ensoñadas era primordial para entender lo que transmite la obra acerca del mismo, y que Rubens debía conocer con todo detalle y perfección. Esos lances que tan bien había definido Ortega y Gasset cuando escribía el prólogo al conde de Yebes, Frasi los repasaba una y otra vez. Eran esos acontecimientos genuinos que llevan implícito los momentos de cualquier cacería. Su visión subjetiva acerca de estos no solo era la panorámica de los hechos, que sería la parte física. También repasaba lo percibido e inteligible, la porción metafísica, que se grababa en su cerebro para recordarla en cualquier momento y ocasión, acercarse a los sentimientos que guarda y atesora la estética. Eufrasio lo que pretendía era simple y llanamente comprobar lo que eran las pretensiones de Ortega, ofrecerle al lance la similitud y finalidad procurada en su obra *La deshumanización del arte*, llegar a lo estético.

Adonis se dispone pues a la contemplación de la naturaleza y culminar uno de los lances cinegéticos tan deseados, que debidamente ejecutados le proporcionan el placer estético acerca de la inmediatez del momento. La posición que adoptaba Adonis pretendía plasmar el momento en que, por su propia voluntad, quiere abandonar a Venus. Quería Rubens plasmar al mismo tiempo con todo detalle la alianza de la diosa con Cupido que lo sujeta por una pierna para que el amor de ambos perdure, ocultando parcialmente su arco y sus flechas. Pero toda esta intención de indicarle el camino hacia el amor de la diosa no parece impedir la partida de Adonis.

El deseado Adonis se muestra en el lienzo de espaldas queriendo dejar atrás la tentación de Venus y vuelve la vista hacia ella, pero su cuerpo inicia la salida hacia un ensimismamiento con la naturaleza, en busca de una experiencia estética, provocado por su sensibilidad hacia cosas sencillas y necesarias, como es la adquisición de proteínas para la subsistencia. De este simple quehacer, obligado por las circunstancias que concurrían para la supervivencia del ser humano, y que era habitual en los tiempos a que nos referimos, Adonis encuentra ese placer estético definido por Francis Hutcheson. La teoría de este autor trataba de enlazar por tanto de forma sistemática el fenómeno con la experimentación, la belleza y el arte, una conceptualización subjetiva y autónoma del propio ser humano. Detalla Hutcheson un sentimiento producido en el interior del ser de carácter afectivo, y que procura ciertos placeres específicos, de forma desinteresada ante cualquier objeto secundado por la belleza. Consideraba Eufrasio que existían personas con sensibilidad especial que son proclives a experimentar estas experiencias estéticas placenteras. Se basaba Frasi en que ya existían otras opiniones que habían sido expuestas por diferentes autores en el transcurso del tiempo, de ahí que considerara la pintura realizada por Rubens, con un sello próximo a la intemporalidad, es decir, que capta un momento en el transcurrir del ser humano que se repite durante toda su historia. Así mismo Eufrasio estimaba que se daba en la actualidad, pero por no alcanzar cierta sensibilidad y conocimiento la interpretación de la escena, posiblemente no se logre percibir por parte de infinidad de personas, a pesar de tenerlas ante sus ojos. Eufrasio recordaba algunos ejemplos, que se daban en el Filoctetes de Sófocles. El coro refiriéndose a Filoctetes dice: «Falto de todo, pasa aquí la vida solo y apartado de todo el mundo, entre abigarradas e hirsutas fieras, atormentado a la vez por los dolores y el hambre, y lleno de irremediables inquietudes; solo el indiscreto eco de esta montaña, que repercute a lo lejos, contesta a sus amargos lamentos». A Frasi le gustaba hacer hincapié sobre ese «solo el indiscreto eco de la montaña», que se podría interpretar que la incursión de Filoctetes o Adonis atendiendo a la llamada de la naturaleza, esta les proporcionaba cierto bienestar placentero. Sentían una experiencia estética, que solo ellos con su sensibilidad podían apreciar, puesto que el coro (la sociedad) no lo percibe. Esa sociedad que se esconde bajo el cordero manto de un bien común, teledirigido y manipulado en multitud de ocasiones para fines particulares. Recordemos que Filoctetes era reclamado por la sociedad y el gobierno por su habilidad con el arco y las flechas, y les era esencial para poder ganar la guerra. Filoctetes, abandonado en la isla, se sustentaba de sus propios lances cinegéticos. Eufrasio recordaba también que D. Miguel Delibes pone en boca de su personaje La Celsa, compañera de Juangualberto, este comentario: «¿Qué tendrán las perdices que no tengamos nosotras?». Se puede interpretar que abandona la relación amorosa entre ellos y se adentra en las inclemencias a veces de la naturaleza, para que, a través de sus lances cinegéticos, conseguir diferentes experiencias estéticas que les son proporcionadas mediante los sentidos, el del gusto y el de la sensibilidad.

Las intenciones de Eufrasio no eran otras que intentar interpretar cómo los tres personajes, Adonis, Filoctetes y Juangualberto, percibían las experiencias estéticas, trascendiendo a la mímesis del lienzo o a la expresión literaria, es algo que trasciende a través de los sentimientos al conocimiento, que, como bien apuntaba Baumgarten, propulsor de las expresiones de lo bello en su acepción moderna de la estética, el arte es esencialmente conocimiento, pero un conocimiento especial, claro y no oscuro, pero sí algo confuso o intuitivo, se pasa de lo sensible a lo inteligible. Estaríamos ante lo bello. Estimaba que la obra de Rubens era bella por sí misma y por la apreciación que hacemos de ella con nuestro conocimiento, que es la observación que los racionalistas entendían imprescindible para dilucidar la belleza. Eufrasio pretendía incluir la unidad de lo bello que lleva implícita la caza con los lances estéticos sumergidos en la multiplicidad del mundo. Entendía nuestro protagonista que la información aportada acerca de la obra objeto de estudio y análisis era lo suficientemente significativa como para que, a partir de estos detalles, se dispusiera el intento al menos de persuadir al lector de que la imagen que recordaba Frasi pudiera asimilarse con la unidad inmiscuida en la multiplicidad. Si nos atuviésemos a la tesis preliminar de la multiplicidad como un todo o universo, continuaba Eufrasio en su disertación, nos encontraríamos con que el estudio de este corresponde a un deseo natural del intelecto del ser humano. Todo esto lo corrobora la inquietud del hombre por denominar los misterios del mundo que nos rodea, y que finalmente coincide con todo lo que se encuentra a nuestro alrededor. Es como cierta espontaneidad que nos circunda, como un aura en el espíritu del hombre y que nadie puede eliminar. Que a su vez es coincidente con un énfasis natural hacia la metafísica. Los filósofos habían investigado acerca del ser de ese mundo o multiplicidad, una línea que, por otro camino, nos remontaría al último principio, pudiéndonos encontrar que la causa primera de todo el mundo o universo es posible que sea preexistente a cualquier porción del mundo o universo. Podríamos afirmar que, si nuestra mirada la dirigimos frente a frente con el mundo como multiplicidad,

nos encontraríamos en un momento esencial y elevarlo al conocimiento natural de la unidad. Cuando nos representamos en
nuestro conocimiento la totalidad de las cosas que nos rodean, a
pesar de nuestra noción de esa multiplicidad o cosmos, tiene cierta
dificultad en la precisa definición, acerca de nuestra noción del
mundo. Eufrasio recordaba ciertas connotaciones de ese mundo
que nos rodea y a veces nos oprime y circunda como totalidad.
Se sustentaba Frasi en su pensamiento de que la denominación
latina de *mundus* es originaria de la denominación de mundo.
Análogamente la cultura griega la denomina *kosmos*, cuyo significado en un principio era, 'armonía, orden, belleza'. Mundo
nos indica una idea presencial de la unidad en la multiplicidad.

La denominación de mundo nos acerca al examen de la intimidad que mantiene la armonía acerca de todas las cosas. Y si nos
incrustamos en lo que denominamos mundo, universo, cosmos,
nos encontramos con la connotación de ciertas nociones como
las de totalidad, conjunto, mediante las cuales expresamos lo que
se denomina multiplicidad de cosas que se reúnen formando de
alguna manera la unidad. Frasi tal vez aceptaba que esa unidad
es la que engloba al mismo tiempo la totalidad de lo existente.
Como no podía ser de otra manera, es lógico que, para esclarecer
estos conceptos ante la variedad de matices, nos puede resultar un
trabajo arduo y dificultoso, exigiendo el tratamiento pertinente
que, en el caso que le ocupaba a Eufrasio, habría de ser el de la
metafísica. Pero no se debería complicar la cuestión e intentar
quedarnos con la noción sencilla y común de mundo, apelando
a la simple denominación de conjunto de todas las cosas. Si bien
en determinadas ocasiones nos encontramos que aludimos exclusivamente a un conjunto de formas físicas, como un cosmos

material. Para ello el cazador de desengaños e ilusiones deseaba realizar al menos un pequeño análisis acerca de la unidad del cosmos, o de esa multiplicidad que había aludido con anterioridad; es decir, que se debería analizar según Eufrasio la característica mediante la cual se ha creado el germen de la unidad del mundo. Por tanto, debería hacer referencia al planteamiento referido a la unificación de las diversas cosas que se encuentran dentro de lo que denominamos universo. ¿Cuál sería la finalidad de la mencionada unidad? Eufrasio, incorregible en sus imaginaciones, continuaba con sus a veces denostadas explicaciones y espetaría a su plausible audiencia que, cuando convergen o se comunican los seres humanos, esencialmente si tenemos en cuenta que análogamente pueden confluir los sentidos de la cuestión planteada, nos encontramos que, cuando nombramos al múltiple que tienen ciertas coincidencias, lo denominamos como *uno*, y esto ocurre cuando se realiza una acción idéntica. Varios hombres pueden estar unificados cuando todos al unísono reman en una embarcación. Los habitantes de una región, nación o pueblo como sujetos pasivos forman un pueblo unificado al estar dirigidos políticamente por un Gobierno.

Análogamente, cuando unos estudiantes estudian filosofía forman la unidad universitaria de la facultad de filosofía. O cuando están unidos porque tienen pertenencias de una misma cosa, los cultivadores de arroz pertenecen por su propiedad particular a la comunidad de regantes, formando una unidad referente a sus dominios. Los que cazan pertenecen al conjunto de cazadores que la practican. También por identidad, como una mujer o un hombre pertenecen al género femenino o masculino u otros géneros conceptuales. Por tanto, nos encontramos que la unidad se puede constituir por diferentes motivos de acción, posesión o acciones, incluso cuando nos encontramos ante una propiedad intrínseca que es afectada por su misma constitución. Se podría tener la consideración de que esa unidad es consecuencia respecto a los principios que provienen del exterior. Eufrasio advertía cómo en algunas obras de arte se podía advertir la insistencia de temas similares, con soluciones comunes. Se puede plantear que detrás de todo esto se encuentra una misma mano maestra, pudiendo llegar a la identificación del autor de la obra. Del mismo modo, esa multiplicidad pictórica, escultórica, poética, etc. se puede unificar del mismo modo en una corriente artística. Se puede incluso llegar al intento de hacerla corresponder con algún criterio estético, y como es obvio, en el caso de la escena de la partida hacia la caza de Adonis que tan bien había plasmado Rubens, coincide con un claro clasicismo racionalista. Eufrasio reanudaba nuevamente su detalle e inmersión acerca de la pintura seleccionada. Con claridad se podía contemplar que forma parte de ese punto de la elíptica explicitada por Winckelmann, que, siendo parte como unidad, forma un todo, como la belleza, la armonía, la caza o el arte. La contemplación sensible de la pintura de Rubens a través de nuestro conocimiento es posible que nos acerque paulatinamente a introducirnos en lo inteligible de la caza. Cuando realizamos la comparación entre arte y naturaleza referente a la pintura en concreto, en su estricta aceptación de su forma, nos arroja al entendimiento de que en ella existe algo que no es naturaleza sino sustancia, elevándola a la posición sublime de la belleza. A la determinación de arte que se puede rememorar en la caza podemos acceder de dos maneras, una de forma espiritual y otra primaria como expresión de la naturaleza, aunque no se corresponda con la misma. Esta conceptualización nos conduce al epicentro de la estética, donde el arte se limita a la expresión comprimida de nuestra conciencia. La belleza de la pintura de Rubens y la explicación completa de la escena estimaba Eufrasio que podría aspirar a una indeterminación difícil de enumerar, situándose en los umbrales de la universalidad, aislándose ella misma en la concreción de individualidad. Había descrito Frasi con anterioridad que para Kant existían dos distinciones acerca del juicio, el determinante que delimita cada caso y el reflexionante que lo extrapola a su máxima universalidad, siendo la función esencial del juicio en su significado subjetivo, subsumir lo particular en lo universal, que es lo que precisamente estimaba que concurría en la obra seleccionada. La unidad como obra autónoma se integra en la multiplicidad de lo bello, de lo armonioso, de lo sublime. La caza como partícipe subyace en la obra y forma parte del todo y el todo de una parte.

Para poder interpretar lo expuesto, Eufrasio debería distinguir dos puntos de vista: uno a partir de una regla objetiva ocasionada por nuestro intelecto basándose estructuralmente en lo trascendente del conocimiento; el segundo punto, mediante el correspondiente subjetivismo, considerándolo un sentimiento válido, toda vez que la forma del sujeto corresponde con sus exigencias. La caza es objetiva en su finalidad y subjetiva en los sentimientos percibidos del cazador. La obra pictórica de Venus y Adonis, bajo un punto de vista reflexionante, alude a ciertos formalismos, es independiente de su constitución como objeto, y desde el otro punto de vista como el determinante que procura que el objeto sea por sí mismo. Eufrasio creía que, por ambos juicios, el determinante y el reflexionante que se presume es *a*

*priori*, le imprimen a la cuestión de fondo un carácter de multiplicidad, una fundamentación infundamentada y subjetivista, por lo
cual se produce esa integración de la unidad en la multiplicidad,
precisamente por haberse realizado el pertinente juicio de la obra.
Eufrasio intentaba a toda costa que la caza no solo es deporte
u otras categorías que se le quieran añadir, la caza misma como
unidad está mucho más extendida dentro de la universalidad que
rodea al ser humano. La belleza de la obra, como apunta Sergio
Givone al respecto, significativamente coincide con la mani-
festación que bien puede corresponder a una finalidad sin fin
adherido a una universalidad sin concepto unido a un placer sin
interés. Un interés que no ha sido buscado, sino proporcionado
por la obra en su íntegra magnitud. Porque no tiene nada que ver
con ninguno de los tres casos enumerados, sino exclusivamente
con el placer y la ley dictada por el intelecto mismo. Entendía
Eufrasio pues que se exterioriza mediante unas facultades en
plena posesión de libertad.

Todo era perfectamente válido tanto para una representación
de la belleza libre, es decir, la mímesis representada en la obra,
los árboles, el río, los animales, el cielo, la naturaleza misma, en la
exclusión, carente de toda adaptación a una finalidad, a cualquier
concepto y al más ínfimo interés. Como también para una belleza
adherida, como son la de los cuerpos de Venus, Adonis y Cupido,
que son objeto de la finalidad de la obra, ya sea mediante un
concepto específico o la de cierto interés subyacente. Interés que
interpretamos no como para diferenciar la obra por su hetero-
nomía o autonomía, sino que entendemos que toda obra lleva
consigo al menos un interés, el del autor por realizar la misma.
Independientemente del interés que pudiera haber concurrido

para la realización de la obra, ya sea económico, religioso etc., ya que, han sido múltiples los diferentes destinos de las obras de arte o bellas artes, también les ocurría a los ritos y los mitos de la caza.

Desde la mirada confusa y amplia acerca de la estética, se daba de bruces Eufrasio al percatarse este que la obra se encontraba en su etapa de sacralización, no entendida en este caso como religiosa, sino, como indicábamos en un principio y por alegoría, estaríamos ante una sacralización mitológica, en la que se nos muestra como algo sublime, una belleza sacralizada, aunque sea mitológica.

En el transcurso del tiempo había descubierto Eufrasio la desacralización de las cosas, así como de la caza y de un nuevo resurgimiento de resacralización de nuevos conceptos, como el animalismo o el ecologismo, que ya solo con sus ismos eran puras agresiones autocráticas de ellos mismos. Sin estar en desacuerdo con la conservación y la ecología, persistía Frasi sobre la existencia en paralelo de lo que pretenden algunos movimientos que percibimos. Eufrasio a veces advertía que nuestro inconsciente se aproximaba a unas experiencias estéticas manipuladas, que hacen que nuestro sentimiento o sensibilidad se distraiga de cierta manera para que nuestra atención se dirija hacia un cierto horizonte ideal, cercano al consumismo de ideas programadas, o para manejar nuestro intelecto con ciertas distracciones que no nos dejan pensar con libertad.

Advertía Eufrasio que la obra pormenorizada, a pesar de su sacralización mitológica, nos permite libertad, pues nos muestra la naturaleza completamente desarrollada en la medida de sus propias leyes. Se nos muestra una apertura hacia la libertad y se expresa la pintura como con un ingenio libremente creador.

Cuando se caza, mediante la contemplación de la naturaleza y la belleza que se observa al desarrollarse en su propio medio, coincide esta con el mundo de la libertad, persiguiendo y encontrando la verdadera esencia de la naturaleza. Como referencia a Adonis, como Eufrasio había descrito con anterioridad, su intención era su integración y actitud ética con consecuencias estéticas ante la naturaleza. Ya lo mencionaba Miguel Delibes: «Un hombre libre frente a un animal libre y en un terreno libre». Y como bien apuntaban los románticos, la apariencia estética es la que revela la verdad de las cosas.

Tal vez, al igual que Adonis y Venus gocen de cierto evemerismo, mediante el cual los dioses no eran sino diferentes hombres y mujeres que habían sido mostrados como divinidades, por haber sido en su origen personas ejemplares de poder y sabiduría, y que ha servido como explicación de los diferentes mitos. Eufrasio pensaba que, si nos atenemos a esto y el mito fuera como consecuencia de la verdad, aunque sea parcial, nos encontramos con cierta convergencia con Boileau, cuando decía en su *Art poétique*: «Solo lo verdadero es bello. Solo lo verdadero es amable. Debe reinar en todas las cosas, también en las fábulas», y por supuesto en la caza. Afirmaba además Nicolás Boileau y modificaba lo prescrito por Descartes cuando decía que la razón debe ser norma y medida de las pasiones o sentimientos. Cambia como había mencionado Frasi el principio estético, desarrollando que el razonamiento ha de ceñirse como norma y rasero de lo característico de los sentimientos.

La imaginación subjetivista subordina al arte para que confluyan la utilidad, lo agradable y lo placentero en la experiencia estética que nos aporta la caza, que a veces encontramos cuando utilizamos nuestro conocimiento y sensibilidad. Boileau nuevamente, estimaba Eufrasio, da en la diana: «Que vuestra musa, fértil en sabias lecciones, una lo útil a lo agradable. Un lector sabio rehúye una vana diversión y quiere aprovechar su esparcimiento». Eufrasio intentaba explicitar que se había encontrado en multitud de ocasiones con el mismo dilema que Adonis, sobre todo en su acepción filosófica. En sus razonamientos para conseguir cierta felicidad, si se pone la felicidad como premisa, esta se encuentra entre la alternancia de dos términos, el amor y la caza, contrarios por su disyuntiva. Se puede demostrar que, tanto con la negación de una como con la afirmación de la otra y viceversa, en las dos ocasiones llegan a la misma conclusión, la plena felicidad del cazador.

# El centro y las puntas

*14 de noviembre de 2020*

Aquella mañana Eufrasio, por razones tal vez desconocidas, se notaba pletórico de fuerzas y con ganas de batir el terreno que fuese necesario para percibir nuevamente las sensaciones estéticas que le aportaba la caza de la perdiz roja. Llegados al cazadero, este contaba con la presencia de Federico, Óscar, Juan María y, cómo no, de Frasi, que dejó casi perplejos al resto de la cuadrilla por sus ganas de nuevas experiencias cinegéticas. Federico como siempre quería llevar la voz cantante y, una vez aviados de pertrechos y los perros, se dispuso a organizar la mano. Sus primeras palabras fueron para aseverar la negativa de coger la punta. Cierto era que la mayoría de las veces tomaba la iniciativa y, con sus pasos largos y rápidos, se pegaba a las lindes del acotado para intentar meter las perdices para dentro. De esta forma a media mañana estarían en sus querencias amonadas en cualquier accidente del terreno.

Al parecer, y según la creencia de algunos, el que tomara esta iniciativa tenía que patear más terrones y las patirrojas las tiraban los del centro. Juan María permanecía en silencio, al igual que Óscar. Eufrasio aprovechó la oportunidad y solícito se ofreció para orillarse por los confines del acotado. La besana que atravesaron de derecha a izquierda terminaba en un arroyo que se desbordaba y daba origen a una ancha extensión de carrizos y grama. La correntía, que cuando estaba encallejonada apenas medía en su anchura no más de cuatro metros, incluido el canal de agua, en sus desbordes ocupaba una tupida y casi impenetrable maraña de arbustos de unas setenta varas. Frasi con su perro tuvo que apretar el paso para llegar a las proximidades del arroyo. Mientras, el resto de la partida se mantenían en hilera posicionados para iniciar la marcha. Frasi llegó jadeante a su destino, siempre al principio de cada jornada perdicera, los primeros quince minutos de marcha le costaba bastante esfuerzo acometerlos. Pasados esos momentos se mantenía a su ritmo sin desfallecimiento durante toda la jornada; por el contrario, sus correligionarios, más ligeros de pies que Frasi, en cuanto pasaba un par de horas tenían que hacer uso de alguna que otra ingesta de alimentos o bebidas energéticas.

A Eufrasio, que se había curtido esporádicamente en alguna que otra jornada campesina junto a aguerridos gañanes como eran sus tíos y su hermano político, lo habían acostumbrado a desayunar en algunas ocasiones a eso de las seis de la tarde. En esas largas jornadas labriegas, el horario para ingerir las viandas, no escasas y por supuesto exquisitas, se marcaban con la terminación de la faena propuesta al alba. La mano transcurría como casi siempre con algún que otro bando que, en la distancia, se arrancaban en las quimbambas sin poder tirar ninguna. Eufrasio seguía a buen ritmo por la misma linde del coto. Su perro entraba y salía del mismo, pero se mantenía cerca de su amo. Cuando había accidentes del terreno, como era el caso del arroyo y algunas gavias adyacentes, el cánido apenas se alargaba. Eufrasio descendió por una pronunciada costera que formaba la linde y a media ladera sintió el revuelo de unas perdices, estas se arrancaron por detrás de unas zarzas en dirección al coto colindante tapándose entre el arbolado contiguo. No le dio tiempo ni de encarar su arma para disparar. Casi al instante vio cómo los pájaros se salían del olivar y se repartían en un pequeño cerro que tenía pecho enfrente, cosa que le extrañó a Frasi, la forma de actuar y el cambio de dirección y asentamiento. No tardó apenas en encontrarle la explicación. La habladuría de los aceituneros que cosechaban las olivas le llegaban con nítida sonoridad, llamando la atención de Eufrasio. No cabía duda de que las perdices del olivar estaban orilladas en la linde entre el llano y los olivos. Tuvo que vadear Frasi zanjas y canalillos para desembocar en el olivar que pertenecía al coto limítrofe, para no pasar por un enorme zarzal con algunas cañas, horadado en una de las profundidades del arroyuelo. Eufrasio se metió un par de liños dentro de la vecindad cinegética y de esa forma poder evitar los pinchazos de los espinos del escaramujo, junto con el encharcamiento de sus botas, previamente había abierto su escopeta y le había sacado los cartuchos. No quería que los *ojos del campo* le recriminaran el haberse metido a cazar dentro de unos límites no autorizados para él. Desembocó a un camino que se adentraba ya en su coto y, en cuanto llegó al pequeño puente que salvaba la correntía, introdujo de nuevo los cartuchos en su escopeta, no sin antes mirar los cañones para verificar que ningún trozo de rama obstruía el ánima de su paralela. Linde arriba se apresuraba Frasi con su perro e intentaba rastrear bien el pequeño cerro donde se habían echado las perdices levantadas con anterioridad. Eufrasio se vio obligado a forzar un poco la marcha para seguir con la mano adelantada. Sus compañeros esperaban con emoción que Frasi coronara el cerro que tenía delante. Todos habían visto cómo las perdices levantadas por él se habían echado en aquella elevación. Esperaban pues que, al ir adelantados, las patirrojas empujadas por

Frasi y su perro se volvieran a su querencia pasando por encima del resto de la cuadrilla que formaban un expectante triduo de cazadores y escopetas. Koran, el perro de Eufrasio, lógicamente llegó primero a culminar el montículo. Hizo algunos círculos señalando la caída del apeonar de las perdices y en un principio no se arrancó ninguna. Los correligionarios de Eufrasio, Juan María, Federico y Óscar, se quedaron a dos velas. Frasi, algo desilusionado también, culminaba la pequeña cumbre sin novedad alguna. Koran se volvió unos metros junto a la linde, pero bajando levemente la ladera de nuevo, volviendo tras sus pasos, una muy leve muestra casi imperceptible hizo que una de las gallináceas emprendiera su raudo vuelo en dirección a las escopetas de abajo. Eufrasio casi a raspa terrón dobleó el vuelo del ave que amonada intentaba pasar desapercibida al cazador y su perro.

Tras dos horas de larga briega por cerros, vaguadas y lindazos, se conseguía la primera pieza. Pieza que contra todo pronóstico no la habían tirado los del centro de la cuerda. La caza no tiene por qué cumplir reglas ningunas, he ahí su grandeza; el animal objeto no sabe leer las reglamentaciones asiduas de los constructos humanos. En esas reglamentaciones, todo ha de estar delimitado a unas reglas o leyes. Las leyes de la naturaleza a veces ocultan un devenir concreto, son inesperadas, por eso la asimilación de los lances fortuitos del acontecer insospechado forman una especie de fenómeno absoluto, en el que se puede producir cualquier cosa. El cazador se eleva por unos instantes a una nube flotante, a ese estado de felicidad junto a una libertad sin dominación alguna, con total ausencia de temores y deseos que la propia mismidad de la caza le aportan. Los compañeros de Eufrasio continuaron la marcha en su travesía por la besana. Terrones con algunos mostachos de cañotas conformaban el recorrido. Quico, que veía las perdices a gran distancia, alertó a sus compañeros con excesivas voces de que un bando iba apeonando por delante de ellos unos doscientos metros. Juan María, que iba contiguo a Frasi apretó el paso para culminar un cerro de tierra más blanquecina y así evitar que se salieran por delante de Eufrasio. Este se desplazaba por el morrón que formaba la linde y que en la orografía se formaba en su recorrido con otra parcela con una altitud más baja.

Frasi, por su situación geográfica, perdió de vista a sus acompañantes venatorios. Escuchó varios disparos, pero no pudo precisar quién los había efectuado. Al instante vio un par de perdices que se le atravesaban de derecha a izquierda, bien apretadas en su vuelo. La distancia era larga, pero decidió tirar a una de ellas. Corrió la mano y adelantó el tiro casi con exceso. La que iba más retrasada acusó el impacto de algún que otro perdigón doblándose en el aire y cambiando levemente de dirección. Frasi había seguido por la misma linde del acotado. A su izquierda un haza sembrada de garrotes de verdiales formaba cuadrículas y rectángulos perfectos. La marca era pequeña, sin llegar el olivar a la denominación de intensivo. La distancia entre ellos debería ser de unos cuatro por seis metros. Los pájaros recorrieron unos doscientos metros en su vuelo. El que había sido alcanzado por los proyectiles del disparo se echó unos cuarenta metros antes que el otro. Koran parecía que también había percibido el impacto en el ave y se apresuró a seguir la trayectoria de las gallináceas. Eufrasio abrió la escopeta e introdujo en su canana el cartucho no utilizado. La vaina la echó en el morral y se dirigió hacia la caída de los pájaros. Cuando llegó al sitio donde aproximadamente habían tomado tierra, se detuvo para repasar entre las calles de olivos. Koran dio varias vueltas a su alrededor, siguiendo las instrucciones de su amo, pero fueron infructuosas. Unos cien metros más adelante un arroyo con bastante vegetación delimitaba el infante olivar.

Cuando Frasi iba a dar por terminada la búsqueda, el perro se separó de su dueño y se fue en dirección al arroyo. Eufrasio pensó que Koran, curtido ya en los terrenos casi desertizados, había venteado el agua del riachuelo y se dirigía hacia él para saciar la sed. Cuando Frasi llegó al regato, el perro llevaba ya tiempo dentro. Eufrasio pensó que se estaba sombreando tras saciar la sed, pero, cual no fue la sorpresa de su dueño, que después de varias llamadas para que se saliera del amparo del arbolado que delimitaba la correntía Koran apareció con la perdiz en la boca. Por la mojadura del ave parecía que esta había sido cobrada en la misma agua de la rivera. Frasi agasajó con palabras a su perro, al que solo le faltaba hablar. De vuelta a la posición inicial de la cuadrilla, Juan María era el que se había pegado a la linde. El hueco que dejó durante unos largos minutos Eufrasio fue tapado por este. Desde el altiplano donde se situaba dominaba la escena que le había acontecido a Frasi y su perro. Cuando llegó a su altura, Juan María, a pesar de haber sido testigo de la nueva captura perdicera, no comentó nada al respecto, solo le espetó que se había situado allí para que las patirrojas empujadas por Óscar y Federico no se salieran del acotado. Se reanudó la marcha volviendo todos a sus posiciones iniciales. Frasi seguía la linde, que ligeramente se contorneaba por la altitud más dominante del haza. Esta se enaltecía con un rastrojo que en ocasiones era frondoso y también con sus correspondientes calvas, fruto de un terreno algo más pedregoso. Los garrotes del olivar contiguo se terminaban y daban paso a unos frondosos viejos verdiales, donde las gallináceas objeto de captura se sombreaban, máxime cuando el lindazo lo conformaban unos canchales amplios disfrutados al unísono por conejos y perdices.

No tardó Frasi en vislumbrar en la distancia cómo un bando de unos seis u ocho pájaros apeonaba por entre las pedrizas, que formaban un pequeño recodo en forma de ladera, adornados y aromatizados con unos tomillos para delicia de los trashumantes cazadores. Después de todo se convertían en unos nómadas, aunque fuera a tiempo parcial, dado que reconducían, o al menos lo intentaban, orientar los bandos de las salvajes y errantes patirrojas hacia los lugares propicios para su captura. Cuando Eufrasio llegó al canchal plagado de tomillos, Koran inició un trasteo pausado por entre el pedregal. El lugar que ocupaban las pedrizas tenía forma de un triángulo geodésico, accidente que impedía que Eufrasio pudiera dominar el final de este. No pudo apreciar Frasi si su perro se había quedado de muestra o no, pero sí que sintió el vuelo de una collera de pájaros que solo vio cómo se traspusieron detrás de los olivos. Continuada la marcha tras abandonar aquella pequeña ladera pedregosa e idílica, pues era propicia para que, además de las gallináceas de rigor, diera el taponazo algún lagomorfo de los originarios de la antigua Hispania.

También era el límite de los olivos verdiales, que daban paso a un raso ralo en vegetación. La linde se limitaba a un pequeño montículo de una vara con escasa flora. La monotonía de esta era irrumpida por unas matas de palma de distintos tamaños. Cuando Koran llegó a una de ellas se quedó de muestra. Frasi se paró al instante. La distancia con su auxiliar era escasa y no quiso avanzar para tener más campo de visión sobre la pieza que pudiera acontecer. Eufrasio intuyó que podría ser un conejo, ya que la palma a la que dirigía su olfato el perro así lo demostraban los escarbaderos y excrementos limítrofes al arbusto. Frasi esperaba con tranquilidad la aparición del animal esperado cinegéticamente.

Pasado un tiempo prudencial con la ausencia de cualquier atisbo de un posible lance, Frasi se acercó a la mata para forzar la salida de la plausible pieza amonada. Tras varias refriegas entre sus botas y la hojarasca de la palma, no acontecía alteración alguna que pudiera provocar una de las experiencias estéticas deseadas por Eufrasio. Rodeó el arbusto un par de veces y Koran rompió la parada e inició su marcha hacia otra mata de palma más exigua, distante unos veinte metros. Al momento de iniciar la marcha el perro, una nueva collera de pájaros perdices se arrancó del palmito salvaje hacia los olivos que Frasi había dejado atrás, se encaró el arma y un certero disparo sesgó la trayectoria de una de las perdices, cayendo en medio de la tierra calma del acotado contiguo. Eufrasio se dispuso en un claro pisoteo por los cinegéticos terrones vecinos y por ello descargó el arma, para que los posibles *ojos del campo* no pudieran recriminarle el estar cazando en coto ajeno.

Instantes después volvió a la posición cinegética pertinente. El perro, tras haber perseguido la pieza derribada varios metros, volvía con su recompensa por el trabajo realizado. Juan María, que distaba de Frasi unos sesenta o setenta metros, también tiró un pájaro rastrero, que se le levantó a buena distancia, quedándose también con la pieza perseguida. La mano al final tuvo sus connotaciones efectivas y, antes de que llegara la misma a la linde del coto, algunas perdices se habían amonado en los límites de este. Eufrasio continuó su marcha. Ahora un pequeño terraplén dividía ambas fincas, solo faltaban unos doscientos cincuenta metros para el final de la mano y del coto. A partir de ahí se rompía filas y cada uno se las buscaba como podía hasta la hora de la vuelta a casa. Óscar y Federico bajaron el ritmo de la batida para que a Eufrasio le diera tiempo de cerrar el imaginario arco trazado en su desplazamiento. El mismo talud formaba una especie de semicírculo irregular con escasa vegetación en el altiplano por el que deambulaba Frasi. Sin embargo, en el desnivel que quedaba hacia el terreno contiguo, las sombras y el matorral propiciaban el cobijo suficiente para que alguna pieza se mimetizara y se amparara en el accidente geográfico. En la curva que formaba la linde, el desnivel se acrecentaba y superaba los dos metros y medio. Eufrasio, algo cansado, aminoró la marcha tras cumplir con su cometido inicial, coger la punta y cerrar la mano para que no se salieran los pájaros. Koran se mostraba algo más inquieto de lo habitual y, tras una muy breve muestra, casi en el vértice de la comba, un nuevo pájaro emprendió la huida sobrevolando unas matas de pepinillos del diablo que formaban un triángulo en el vértice de ambas fincas.

En esta ocasión, el pájaro fue tomando cierta altura. Su ascenso, en contraste con el suelo, propició un buen ángulo de visión para el resto de la cuadrilla. Eufrasio, que había intuido el lance con premeditación y cierto grado de alevosía, por mostrarle cierta infidelidad a la naturaleza con la pertinente acción de caza. Tiró en este caso al hueco y el pájaro cayó hecho una madeja entre las plantas endiabladas. Koran, que tuvo que atravesar las explosivas plantas, ante las leves detonaciones vegetativas de vez en cuando se detenía asustado por las salpicaduras. Había casi sobrepasado las oportunas capturas deliberianas. Frasi no hizo intento alguno por trasponer los límites del acotado, el montículo no lo aconsejaba debido a su verticalidad. Koran, jadeante en un principio, se dispuso a sombrearse soltando la pieza en el suelo, pero a la llamada de su dueño se dispuso a recuperar el pájaro que había soltado para entregárselo posteriormente a Eufrasio.

Como el telón del escenario de caza estaba levantado, el resto de la cuadrilla pudo visualizar el entreacto. Juan María ya estaba junto a la linde para iniciar la nueva andadura en paralelo a esta. Federico y Óscar se habían vuelto sobre sus pasos para patear la otra parte del haza que no se había podido coger en toda su anchura, componían el paisaje que pretendían cazar un lindazo en el que desembocaban varias pequeñas cárcavas con abundante forraje en algunos de sus trayectos, además de algún que otro acebuche o matas de tamojo. Cuando iban llegando a su altura, cada uno iniciaba la ascensión de esta por uno de sus lados. De ese modo, ante las salidas de las patirrojas que se tapaban con el escaso arbolado, podían tirarlas con mayor nitidez visual. Eufrasio y Juan María continuaron por las mismas lindes del acotado para ir girando y en la circunvalación darles agua a los perros, al mismo tiempo ofrecerles un pequeño y merecido descanso. Frasi a esas alturas de la mañana, con el sol en la cúspide y una percha que no se la esperaba, comenzaba a sentir un poco de remordimiento por diezmar la naturaleza. Percibía unos sentimientos de ida y vuelta como las guajiras de Meneses. Se acoplaban en las mismas, el desgarro por el dolor de sus letras con la felicidad del cante que él mismo interpretaba. Se daban las mismas circunstancias que le ocurrían a Frasi. El cantaor en primer lugar sentía de su sonora voz el deleite del cante; en Eufrasio, el lance. A continuación, la herida en su alma por el sentimiento de la interpretación de las letras; para el cazador, la llaga que le producía a la naturaleza.

Por ese motivo, Eufrasio apelaba que la caza debía seguir teniendo su finalidad primaria, el sostenimiento de la vida humana. Después todas las categorías que el constructo humano le quisiera ofrecer. El objetivo del ser auroral, las piezas del suelo o del vuelo y tras la plasticidad del lance, al plato. El orden de prelación por la hegemonía cinegética que se disputaban siempre Federico y Juan María les hacía tomar orientaciones distintas. En cuanto podían, buscaban un pretexto para separarse. De ese modo intentaban superarse el uno del otro con la mínima afluencia de público. Eufrasio y Juan María, promovido por este último, tomaron por una besana que, preparada para la siembra de cereal, estaba rasa y anodina; solo el testigo de la exigua linde se contorneaba por la misma. Juan María, serpenteando al unísono en paralelo al único accidente geográfico de la parcela, subía su considerable pendiente, mientras que Frasi, que no sobresalía como practicante del deporte de la marcha atlética, cortaba por el centro del haza con pocas esperanzas de nuevas capturas. Se dirigió hacia uno de los bebederos que le ofrecía menor distancia, pero estaba seco. A pesar de encontrarse en una anchura de la gavia a la que había desembocado, tuvo que seguir por un camino que salía cuesta arriba con un talud a su izquierda. Decidió ascender por el mismo. Pensó que, si salía algún pájaro hacia el otro lado, se le taparía al instante. Koran subía y bajaba el desnivel con cierto nerviosismo, hasta que una collera de pájaros irrumpió arriba, casi llegando al bebedero. La distancia era considerable, a pesar de que salieron del lado que dominaba con la vista. Haberlo intentado hubiese sido en vano y con buen criterio no hizo intento alguno de encararse su escopeta, solo se recreó embelesado con el vuelo de ambos animales, que se marcharon probablemente a criar. Juan María, al que había perdido de vista, parecía que continuaba recorriendo todo el contorno de la finca. Escuchó una detonación de su arma y, conociendo a este, daba por seguro que había hecho presa de la patirroja procurada. A duras penas llegó a la cumbre del cerro, donde un pequeño tamojo y algunas cañas sombreaban el depósito de agua. Koran sació su sed en el abrevadero y durante el descanso escuchó también algunas detonaciones de Federico y de Óscar.

Eufrasio continuó su marcha en dirección a una de las gavias del acotado, que desembocaba en el arroyo que dividía en mitades desiguales la finca. Su intención era ir hacia los coches para darle descanso al perro y cazar el resto de la jornada con la perra. La hora, que Frasi calculaba por la posición del sol, se acercaba al mediodía bien pasado. Cuando llegara al lugar donde Bruma le aguardaba, que estaba en el lugar opuesto del acotado, sería tarde para volver a posicionarse en algunas gavias que no estuvieran cazadas por sus compañeros. Koran, que a pesar de sus años se mantenía en plena forma, no paraba de lacear y de adentrarse en la maleza del arroyo, que a veces tenía una anchura considerable. Cuando llegó a una de las confluencias con una gavia más pequeña, observó que el perro de Federico estaba cazando en la ladera a la izquierda del arroyo. Intuía que Quico habría peinado el arroyo y decidió abandonar el mismo y ascender por el borde de la cavidad, repleta de matorrales y cardos secos. La gavia seguía su ascensión a la vez que se estrechaba. Eufrasio decidió atravesarla y continuar en dirección a los vehículos por un lindazo en el que había otro bebedero sombreado. Nuestro astro rey era implacable con sus radiaciones ultravioletas, estas estaban haciendo mella en el binomio cazador. Otro pequeño ascenso tuvo que realizar Eufrasio para llegar al lugar de la acumulación hídrica artificial. Koran iba acusando ya la jornada. Bebió un poco de agua y desparramó su cansado cuerpo en la sombra del arbusto. Pocas detonaciones de sus compañeros escuchó Frasi en lo que sería la última parte de la jornada. Tras breves minutos de descanso, inició la marcha por la corona formada por la linde entre las dos hazas que dominaban gran parte del acotado. Mientras que en el margen derecho apenas el lindazo lo componía un almorrón, de unos cincuenta centímetros de ancho, por otros tanto de alto, en la margen izquierda se alineaba con un desmonte de más de dos metros de desnivel.

Continuado de nuevo su deambular cansino, inesperadamente el perro quedó de muestra. El almorrón natural con alguna vegetación silvestre que tenía delante le impedía una buena amplitud de visión. Koran rompió la muestra y comenzó a guiar, pero, cuando había recorrido unos veinte metros, Frasi escuchó el agradable sonido de la arrancada de algunas perdices. Su situación, que en un principio le impedía la visualización del hecho ocurrido, en pocos instantes vio cómo tres o cuatro pájaros cruzaban la depresión del terreno. El pequeño bando sobrepasó el arroyo y se instaló en la ladera de la margen izquierda de la seca correntía de agua. Sin duda alguna Quico, que había pateado el ribazo con anterioridad, había forzado a las patirrojas hacia el amparo del lindazo que Eufrasio estaba recorriendo. Frasi no pretendía ir en busca de aquellas perdicillas que habían sabido dar esquinazo a ambos cazadores y continuó su andadura por la altiplanicie. Un par de pequeñas vaguadas tuvo que bajar y subir

Eufrasio para no desviarse de la ruta trazada en su mente. Un chorreo de pájaros salió de forma intermitente, a los que Frasi disparó en tres ocasiones sin resultado positivo alguno. Debido a la amplia distancia entre ambos, todas se fueron a criar. Culminado el último montículo que había tenido en su próximo horizonte, volvía de nuevo a dominar visualmente una gran parte de la finca. A lo lejos a su izquierda Federico venía cazando con su perro y trazando en su trayectoria una imaginaria línea perpendicular al itinerario diseñado por Eufrasio y su perro. Por la distancia hacia la intersección Quico llegaría primero, y así lo hizo. Se cruzó por delante siguiendo inerte en su desplazamiento casi lineal. Los dos eran conscientes de las visualizaciones de ambos, pero con sospechosas miradas de reojo. Unos setenta metros fue la distancia con el plausible punto de encuentro. El perro de Quico venía laceando en corto. Pasaron por delante de Eufrasio cuando este iba llegando al lugar cruzado por Federico. Sus pasos se iban desviando a una ribera formada por el ensanchamiento de un regajo.

Mientras Eufrasio se mantenía en una zona más alta, su perro, que apenas perdía la referencia con una mermada linde en volumen y en verticalidad hacia el lado izquierdo, la misma se quedó en casi un simple testigo. Solo algunos matojos intermitentes delimitaban las dos besanas. Koran se había repuesto del cansancio por algunos efluvios recibidos de las aves objeto de captura. Una muy leve muestra fue interrumpida por una collera de pájaros que permanecían amonados en el mismo lindazo que traía Eufrasio. Frasi, a pesar de los aproximados cuarenta metros de distancia que los separaba en su arrancada, encaró el arma y corrió la mano hacia el pájaro que estimaba más próximo a su postura. Aunque disparó los dos caños de su escopeta, solo en el primer disparo percibió un ligero encogimiento de la pieza; sin embargo, esta no perdió en absoluto su trayectoria. Su vuelo iba en dirección de unos acebuches que limitaban la ribera que Quico pateaba. A esas horas las perdices buscan los bajos y la sombra para sestear. Federico, que era un buen perdicero, sabía de las querencias de estas aves, máxime a esas horas del día que ya andaban algo movidas. Los dos pájaros pasaron lejos, pero bien visualizados por Quico. Eufrasio siguió con su perro hacia la confluencia de dos regajos que tenía delante y que terminaban en una vaguada hormigonada del camino para que las aguas pasaran por encima y no hubiera problemas con los desplazamientos de los tractores, cosechadoras o vehículos. Eufrasio, al llegar a este punto, se dirigió con su perro hacia los coches, que distaban unos trescientos cincuenta metros. Mientras, Quico había bordeado la ribera y, sobrepasados los oleastros que desembocaban en una especie de marisma inundable, este se afanaba con su perro entre los matorrales por si alguna perdiz se había refugiado entre la maleza. Frasi en el camino le había dado nuevamente agua a su perro, que volvió a sombrearse en unas matas de taraje.

La jornada la dio por terminada, mientras sus correligionarios cinegéticos deambulaban todavía para ver si alguna perdiz rezagada le saltaba a buena distancia para incremento de su percha. Llegó junto al remolque donde aguardaba Bruma y, con palabras suaves y cariñosas, le habló para decirle que hoy no había podido ser, el próximo día la sacaría primero y a su compañero después. La soltó para que estirara sus músculos mientras guardaba sus pertrechos, la canana, el macuto, la escopeta. Bebió algo de agua y les ofreció también a los canes que le circundaban y apenas se movían de su lado. Los dos le hacían señales de cariño y felicidad por haberles proporcionado una nueva salida al campo. El trío se entregó al relajamiento y estuvieron casi media hora esperando al resto de los componentes de la partida de caza. Frasi, al ver que Quico se había alejado del lugar donde aguardaba, decidió guardar los perros en el remolque y sentarse dentro del coche a esperar a sus compañeros. Un aire fresco se había levantado, parado, y en la sombra con la camisa humedecida por el sudor podría enfriarse y pasar algún que otro día con malestar. A los veinte minutos fueron apareciendo, primero Federico a lo lejos y por el sur para terminar también la jornada. Frasi se salió del vehículo ante la llegada de Quico, que desde lejos levantó un buen macho de perdiz que había soltado de su exigua percha. Le espetó a Eufrasio:

—¡¡Toma, esta es tuya!! ¡¡No quiero pájaros que no son míos!!

A continuación, le dijo:

—¿Qué, vienes de la guerra? Por los tiros que has pegado eso parece. —Federico se refería sin duda a los seis que pegó Eufrasio cuando venía bajando por la corona formada por la linde que atravesó perpendicularmente con Federico.

Frasi le preguntó:

—¿Y ese pájaro?

Federico le comentó que, cuando él había tirado el último pájaro después de haberse cruzado, a los pocos instantes pasó la collera por delante suya a gran distancia, y cuando sobrepasó su posición detrás de los acebuches, uno de ellos hizo la torre y cayó hecho una pelota en medio del haza, y se lo había cobrado su perro. Eufrasio había incrementado su percha tras haber dado por terminada la jornada. Las vueltas que da la vida... Al principio de la temporada tuvo el detalle con Elías, tras el requerimiento de un ave que había fallado, y le ofreció uno de los pájaros que Frasi había abatido por detrás del peticionario. El trabajo y el buen hacer compensaba a veces.

Cuando Eufrasio se dirigió a su vehículo para guardar la inesperada gallinácea, vio a Juan María que aparecía al encuentro de recogida, pertrechos, perros y armas utilizadas se guardaban debidamente. La cara de Juan María mostraba rasgos de pocos amigos. Posiblemente el motivo principal era la cuantía de su percha. El debe, lo que debería haber entrado en perdices, no superaba el importe del haber, lo que había salido en energías y cartuchos. A Eufrasio, en su condición de practicante de la contabilidad, se le venían a la mente multitud de situaciones de lo admisible en el plan general contable. Ese día al resto de los componentes de la cuadrilla no se les había dado bien la jornada cinegética. A Juan María, Quico y Óscar no les pasaba lo que le ocurría a Eufrasio, que, al igual que esos cuquilleros de Manuel Vázquez del Río, era de los que su interés por nuevas experiencias estéticas aumentaban con los desengaños. Óscar era el miembro de la cuadrilla que faltaba. Este había llamado a Quico y le comentó que lo esperaba en el carril principal, a la salida del coto. Algo intuía Frasi que no iba bien. Se sentía incómodo, nervioso, lejos del goce de las experiencias estéticas vividas aquella mañana. Era como cuando el ganado retoza presintiendo una emoción, pero sin culminar en la saturación pertinente. Presentía como si de pronto el final de la temporada cinegética estuviera muy cerca. Entre ellos al principio hubo discrepancias en la forma de acceso al acotado, mientras que Quico y Óscar confiaban sin una argumentación fehaciente en el intermediario que les proporcionó la tan anhelada práctica cinegética en aquellos terrenos. Juan María y Eufrasio habían puesto reparos y se decantaban por otros derroteros. La escribanía debía haber hecho uso del acuerdo alcanzado, no con el mediador sino con la titularidad del coto, así como la vigencia y lo contemplado en el plan cinegético. Después, durante la temporada, Juan María se cambió de *camisa* cinegética, sumándole además la tensión originada por las decisiones y formas de cazar de cada uno. Había originado una cuadrilla disgregada, parca en palabras y con un Eufrasio abandonado a su suerte.

La relación entre los camaradas componentes era simplemente correcta, pero teatral. Frasi, que era seguidor de Descartes en cuanto a su máxima teatral, pues no era partidario de dar una asignatura como el teatro o escenificación, porque aludía a que ya hacía en su vida cotidiana el suficiente teatro para no ser repetitivo en esas ardides. Todo fue en vano. Se hizo de forma tácita, dinero-caza-legalizada, y las consecuencias ante desventuras burocráticas o con sus déficits cinegéticos podían acarrear nefastas adversidades. La intuición de Eufrasio, que, curtido en mil burocracias documentales y de embaucadores mediadores, no se fiaba ya de nadie, y mucho menos de esos mamporreros quitavergüenzas de propietarios sin escrúpulos económicos, que se incomodan al tener que tratar con esa «gente de escopeta y perro»; no así de su pecunio, que es bienvenido como agua de mayo. ¿Qué sería de algunos propietarios si la actividad cinegética no alentara sus bolsillos? Disuelta la sociedad religiosa-cinegético-cristiana-católica a tiempo parcial de la jornada, es decir cada mochuelo a su olivo, Frasi había observado que Juan María definitivamente se había cambiado de chaqueta.

Aquel trato aparentemente normal que le había ofrecido a Eufrasio ya no era el mismo. En sus conversaciones en los pasados desplazamientos se notaba un aire tenso, al mismo tiempo que un tono algo sarcástico. Tal vez con la intención de construir al menos un ficticio pero notorio arco con al menos un detector académico entre ambos. Eufrasio, cuando era criticado por alguien, fuese quien fuese en su acepción como autodidacta, siempre decía como la letra de Paco Toronjo, «pero a nadie *le* pedio *na* porque lo he trabajado yo *to*». Por eso, cuando en las postreras jornadas, coincidiendo con la merma de sus perchas, los bandos de cinegéticos-andantes no se acercaba a la paridad tan de moda en los momentos actuales, roto el equilibrio de los componentes de la partida, esta se había decantado en un trío con cierta discrepancia con la unidad restante. Eufrasio rondaba los posicionamientos de los proscritos de la Edad Media, precisamente porque ya a sus años acataba ciertas normas o leyes, pero al más puro estilo kantiano en su crítica a cualquier razonamiento, prácticas humanas o a otros juicios pertinentes. No se callaba, usaba el artículo de la Declaración de los Derechos del Hombre y del Ciudadano, que por cierto para Frasi eran distintos, los primeros son los que adquiere el ser humano por el simple hecho de su propia naturaleza.

El derecho de los ciudadanos, por el contrario para Eufrasio, es un constructo humano situado en un espacio temporal abstracto que va en función de quien gobierne en esos determinados momentos, y que son tan malos que van incluso en contra de los primitivos derechos naturales. Las leyes no siempre coinciden con la justicia, son cosas totalmente distintas, y que la mayoría de los humanos obedecen, no se percatan de que una ley no es nada sin el uso de la fuerza. Frasi estimaba que, para lo que los jurídicos se agotaba con el simple cumplimiento de una ley, Eufrasio consideraba que por encima del constructo humano de las leyes estaba la justicia y la fuerza, estemos de acuerdo o no con la utilización de esta última. Así lo expresaba y lo exponía, sin ser comprendido por sus interlocutores próximos. Hacía uso de ese tan olvidado artículo 11 de la Declaración de los Derechos del Hombre y del Ciudadano de 1789: «Puesto que la comunicación sin trabas de los pensamientos y opiniones es uno de los más valiosos derechos del hombre, todo ciudadano puede hablar, escribir y publicar libremente». Así lo expresaba Frasi, y discrepaba respecto de las leyes que, amparadas en la fuerza, los advenedizos jurídicos se apartan de la justicia y se amparan en la ley con una comunicación escrita respecto de los ciudadanos en algunos casos, al menos amenazante e intimidatoria. En varias ocasiones Eufrasio, en su interlocución con operarios institucionalizados y su añadida discrepancia respecto a las normas y leyes aplicables, sobre todo en determinados casos, le espetó a los poltronados fatuos del funcionariado: «Pues coja usted la norma o la ley, se la coloca debajo del brazo y se viene vuecencia y me la aplica, no me envíe a la fuerza oportuna como complemento de la vigente normativa o ley». De puro lógico que era el susodicho burócrata, como diría Voltaire, obviamente no se presentó al eventual y pasajero acontecimiento. Los gobernantes y burócratas olvidan la reciprocidad en sus relaciones con los seres humanos o ciudadanos, y no permiten que las comunicaciones sean contestatarias y de consenso. Al ciudadano de a pie los consideran como a la «vil canalla de proa» que debe obedecer y además con reverencias. Eufrasio con sus ensoñaciones era incorregible, pero, cuando observaba esa incomprensión, se apartaba de la sociedad, se dedicaba a la lectura, su familia y sus obstinaciones mentales, buscando siempre experiencias estéticas inolvidables, para conseguir un maravilloso estado ataráxico. Recordaba cómo en algunos momentos de inactividad cinegética se sentaba a escuchar con cierta precariedad de decibelios a Simon y Garfunkel. Cuando le parecía al resto de su familia que estaba escuchando solo música y alguien le preguntaba: «¿Qué haces?», contestaba para sus adentros con una encogida de hombros: «Estoy cazando». Él se imaginaba los lances. Unos los recordaba una y otra vez y, cuando su mente se despistaba, buscaba formas y vericuetos para localizar rincones y escenarios donde pudieran estar amonadas las piezas, las veía en su mente. Tenía la destreza mental de cazar con las dos formas posibles: la «vulgar», como determinaba Platón, la práctica; y la inteligible, menos emocionante pero más pasiva y fugaz que la primera, eso sí, con una duración más persistente en el tiempo. Se ensimismaba en sus elucubraciones y daba rienda suelta a sus pensamientos. Algunos eran tan profundos y enrevesados que, cuando se apartaba de la mente cazadora, incluso sentía miedo de sí mismo. Era como si temiera que esos atroces pensamientos se le pudieran hacer realidad en algunos momentos. El caso es que la jornada cinegética se saldó con divisiones y el afloramiento de discrepancias. A Eufrasio le ocurrió como al Filoctetes de Sófocles: cuando la cuadrilla (sociedad) no estimaba pertinente su presencia en la misma, y resultaba al menos incómoda, se abandonaba en la isla del olvido y el menosprecio, entre «hirsutas fieras», que por cierto eran preferidas por Eufrasio antes que los aparentes corderos sociales.

# Los desengaños intimidan
# a las ilusiones

*15 de noviembre de 2020*

El presagio de Frasi no fue una cortina de humo que se mezcla con el flogisto presagiado y determinado en fechas pasadas por la ciencia, sino un acontecer que tardó poco tiempo en transformarse en realidad: el anuncio por parte de los autoproclamados legítimos gobernantes autonómicos y nacionales sobre confinamientos parciales como consecuencia del tercer estado de alarma. Prohibieron los desplazamientos por mor de la pandemia desatada fechas atrás. Sin embargo, la sinrazón no afectó a todos por igual: los eminentes aplicadores de la supuesta legitimidad gubernamental permitieron la caza a ciertos sectores de esta, a pesar de la aplicación de manipulados y obsoletos ratios, que son también no más que espacios temporales abstractos que se aplican en función de ciertos intereses.

Pero, como decía el profesor Polvillo en política, a los altos cargos llegan los personajes más insólitos. Se permitió cruzar por ejemplo toda una región para determinadas prácticas cinegéticas, con aglomeraciones de participantes, mientras que «esa gente de escopeta y perro» de forma individualizada no podía atravesar un camino vecinal hacia un erial porque pertenecía al término contiguo de otro municipio.

También se habían permitido los desplazamientos para practicar ciertos deportes helados, por el simple hecho de que la muerte económica de los habitantes de las nevadas cumbres sería inminente. A «esos cazadores digo» sentenciaba una y otra vez Eufrasio, se le sentenciaba a la muerte de apercibimientos de sentimientos estéticos. Se encontraba Eufrasio atado de pies y manos cual reo sentenciado, a sucumbir cinegéticamente, al menos de momento. Al no estar su coto en su término municipal, la ley le intimidaba y amenazaba una vez más en su vida si no la cumplía, a sabiendas de que las leyes son como las modas, que son a veces tan nefastas e injustas que necesitan cambiarse cada corto periodo de tiempo. Perdería por tanto casi media temporada de caza. Al instante se le vino a Eufrasio la indefensión que se les podía venir encima.

Todo lo que empieza mal suele terminar peor. Eufrasio en sus presagios parecía que había adivinado el intermediario. Se salió por la tangente y no quería saber nada. En la caza eran muy frecuente estas circunstancias. Al no haber nada por escrito ni justificante de la entrega de efectivo al intermediario, las reclamaciones, como en la mili, al maestro armero. Todo se había hecho de palabra, con el mamporrero quitavergüenzas de la propiedad o titular del acotado. Una titularidad cinegética que no quiere tratar con esa gente de escopeta y perro, como le decía su compañero de trabajo Curro Zaro. Si bien Eufrasio era consciente de que no todos los titulares de cotos eran de esa forma, recordaba a D. Trinidad José Núñez Martín, un señor propietario donde los hubiera, digno de los más significantes elogios como propietario de un terreno cinegético. Pero, como nadie es eterno, el tiempo con su guadaña sesgó la vida finita de D. Trinidad. Sus descendientes solo veían a través del opaco y perjuicioso cristal pecuniario. Los acuerdos con este propietario se realizaban por escrito y se tenía en cuenta el plan cinegético, es decir, que se consensuaba las piezas que se deberían abatir en cada temporada. El mismo D. Trinidad lo explicitaba muy bien cuando remataba su escrito con la salvedad de, o lo que dé el campo, que buenas temporadas disfrutó Eufrasio en aquellos terrenos de Characena de Torbones, un pueblo señorial de la campiña sureña. Su propietario había convertido la finca en un pequeño vergel cinegético. Se preocupaba de la densidad de piezas temporada tras temporada para que propiedad y cazadores fueran equitativos con la naturaleza. En aquellos pagos no había división de la caza ni enajenación de esta. La dimensión del contrato abarcaba todas las especies cazables. No existían conflicto de intereses entre las diferentes modalidades de caza, todo ello acompañado de un cupo adecuado por cazador y día, y dejando madre para la siguiente temporada. A pesar de su insistente búsqueda en los momentos actuales, Eufrasio no había podido contactar con titulares de coto como D. Trinidad. Ahora el conjunto formado por el titular del acotado y el mediador, «esa gente», los cazadores, solo tienen derecho a pagar, pero que no den ni la más mínima molestia a sus señorías y los negociadores intermediarios, con un único objetivo la depredación mercantilista, la de procurar que los cazadores abatan el menor número de piezas posibles. De esa forma podrían incrementar sus arcas subarrendando la próxima temporada cinegética más cara aún que la anterior. Todo se fue al traste aquella temporada. A Eufrasio le dieron la razón el tiempo y las circunstancias. Su oposición político-cinegética le había señalado en un principio como cual proscrito de la Edad

Media, tal vez por su torpeza, su tosquedad y su campesinado de aprendizajes maceros. Sin embargo, la intuición de las cosas que pueden acontecer las veía venir con una evidente claridad.

El único consuelo que le quedaba a Frasi era que todos aquellos que habían cometido el pecado en el mismo pecado llevaban la penitencia. El destino de cada uno es muy difícil de evitar, el tiempo con su guadaña es la supremacía de la justicia. La observancia a veces tan exhaustiva de las cosas llevaba a Frasi a interpretar algunos de los acontecimientos sucedidos con sus intemporales compañeros de caza. Se percató de que, cuando se empleaba a fondo con algunos correligionarios cinegéticos fugaces, cuando degustaban las aportaciones gastronómicas que Eufrasio les ofrecía desinteresadamente, se dictaba la sentencia de la disolución del conjunto de cazadores ocasionales. Era como si la gastronomía ofrecida dijera, como le comentó Miguel Herrero Rodríguez de Miñón a José Luis Balbín en el último programa de *La clave*, que antes de empezar la tertulia con el resto de los invitados el Sr. Herrero le espetó a Balbín: «Tengo que comunicarle al mismo tiempo que le agradezco su invitación al programa que a todos los programas que he asistido últimamente en televisión han sido los últimos, por lo que me temo, Sr. Balbín, que este será también el último programa suyo en *La clave*.Y así fue. A Frasi le ocurría lo mismo pero con su gastronomía. Era el anuncio para la disolución como conjunto de socios de un acotado.

# El acercamiento de la caza
# a la filosofía

Eufrasio pasó el día cabizbajo y meditabundo, mirando la paralela de su padre y a sus fieles compañeros cánidos. Se entregó a ese ensimismamiento de un nuevo duermevela ilusorio y ensoñador de lo que podría ser otra forma de ver la caza, con su pensamiento hispánico y el beneplácito de los aires del sur. Se dispuso entonces a intentar despejar algunas incógnitas que perturbaban su mente. Posibles o no, él las intentaba desarrollar como si fueran verdaderas y reales, o al menos otra forma de ver la caza, y lo más importante, de sentirla en todas sus dimensiones. Era como si estuviera esperando ese acontecer del absoluto fenomenológico, es decir, aquello que puede suceder o ser, y sucede o es.

Como la sierra de Guadarrama para Ortega, así era la caza y sus elucubraciones sobre la misma para Eufrasio, que cada uno la ve de una forma o manera diferente. Eufrasio había agotado muchos argumentos para poder seguir acudiendo a sus citas cinegéticas, había bicheado por los vericuetos de la ley y había empleado algunas astucias para no faltar a los encuentros con las patirrojas. No quería tener el mismo destino que Juan Lobón. Se arriesgó en varias ocasiones, pero, ante la posibilidad de la pérdida temporal de su esbelta y preciosa yuxtapuesta, le hizo recapacitar y prefirió no ponerse pecho enfrente a las no consensuadas y absurdas leyes.

Cuando emprendía la marcha hacia las delimitaciones de Morfeo, en los instantes en que no se sabe si se está durmiendo o dormido, se le vino a la cabeza una serie de pensamientos, en los que se veía como protagonista al menos de sus divagaciones y de los errores de su pensamiento. Podría unir o trazar cierto paralelismo entre la caza y sus precarias disertaciones como meritorio de deliberaciones filosóficas. Hablar de filosofía se le antojaba a Frasi una tarea ardua y difícil, pues sus escasos conocimientos sobre el tema en concreto podían resultar una disertación anodina, desviada académicamente y precaria; aun así, se dejaba arrastrar en su duermevela por el deseo de expresarse a su antojo, atando cabos sueltos de aquí y de allá. Libros e ideas se enmarañaban en su mente y arrojaban unos resultados plasmados al menos de condiciones de posibilidad.

Desde su bárbara intuición opinaba sobre la posibilidad de que la filosofía y la caza tuvieran ciertas similitudes; lo que ocurría es, que a primera vista y en momentos determinados de nuestra historia, no hemos sabido apreciarlas. Si se tuviera en cuenta que el ser humano mediante la filosofía busca la verdad de las ideas para su captura y aprehensión durante su existencia vital, en la caza busca la pieza para capturarla y además para que le sirva de sustento en lo vital de su existencia. Pero ahí no quedaba la cosa, sino que en su opinión tenía otra similitud más, que se deduce de la disertación de Ortega, y que se vislumbra con una perspicaz observancia en su obra titulada *Sobre la caza*. A saber, en la filosofía, el filósofo tras su «deambular voluntario», suele terminar entre sus garras, capturado por la propia filosofía de la que ya no podrá salir. En la caza, el cazador termina entre las garras de la mismidad de la caza, para no separarla jamás de su existencia. Intentar explicar estos pensamientos sería el objetivo de Eufrasio, si alguna vez los pudiera exponer, así como resaltar que, mediante la razón narrativa histórica, el pensamiento hispánico o sureño posiblemente había sido apartado de la esencia filosófica. Eufrasio, a pesar de toda su tosquedad, estaba orgulloso porque le ocurría algo análogo, como a los pensadores del sur, pero al menos ejercitaba su pensamiento. Era evidente para Eufrasio que en algunas ocasiones, desde nuestra posición pensante al sur de Iberia, la filosofía y la caza se podrían decir de muchas maneras. El ejemplo lo había tomado de lo que Ortega y Gasset había escrito sobre la caza. Había ocasiones en que nuestro conocimiento no llega a entender ciertas evidencias, bien por carecer nuestro intelecto del razonamiento suficiente y preciso, o porque nuestra perspectiva no es la adecuada, como nos advierte el profesor D. José Manuel Sevilla en su texto titulado *Tropezar con el otro*: «Pero no una perspectiva cualquiera, sino una que sea *perspicere* de vista penetrante con que atendemos toda presencia que se nos aparece en el horizonte».[1] También lo que podríamos según Eufrasio hacer es interpretar las cosas, como para poder poner a esos aspectos que nos rodean, sobre todo al «hombre de intelecto inquieto», un cierto significado a las cosas, no desde la planificación que se realiza desde la modernidad, es decir descubriendo solo «las grandes cosas». Nuestra mirada ha de dirigirse hacia las menudencias más pequeñas e insignificantes aparentemente, como mencionaba el citado profesor Sevilla en Ortega y el pensamiento sureño, acerca del norte y del sur de la filosofía, a esa «humilde menudencia de aquello que nos circunda y donde siempre hay un *logos* por descubrir». Para ello es posible que además tuviéramos que optar por realizar una especie de

---

[1] Sevilla Fernández, José M.: *Tropezar con el otro. Problematología orteguiana del cuerpo y de lo social*. Edit. Anthropos, Barcelona, 2011.

retiro que por unos instantes nos lleve a esa «radical soledad», y nuestra meditación pertinente nos conduzca a ese ensimismamiento orteguiano, tal vez prefijado previamente en *El régimen del solitario* por Avempace o Abentufáil.

Eufrasio seguía con su disertación. Su objetivo en el caso que nos ocupa sería de intentar dilucidar si efectivamente el escrito de Ortega *Sobre la caza* forma parte del pensamiento sureño al que se aventuraba Eufrasio y contendría la suficiente filosofía como para incluirlo en un tratado de esa aproximación de la filosofía con la caza que, pudiéndose decir de muchas maneras, sobre todo si la incluimos en la narrativa histórica o en lo que se pudiera denominar un acercamiento a la historia de la filosofía hispánica. En el prólogo que Eufrasio había tenido entre sus manos en varias ocasiones, y que Ortega se atrevió a referenciar con investigaciones y disertaciones acerca de la caza, es posible que concurran varios factores para tener en cuenta, esencialmente para poder interpretar fehacientemente que es un verdadero tratado de filosofía. Si se comenzara el análisis desde el posible senequismo heredado por Ortega, tendríamos que el sabio o persona con esa mirada perspicaz no es quien descubre las entidades, sino quien dirige su mirada a su propia vida, enjuiciando al mismo tiempo el universo natural que le circunda y la racionalidad. Lo que podríamos denominar la antesala de una filosofía práctica complementada por la referencia estoica de Séneca, del sabio que se desarrolló en el humanismo.

Si nos atuviésemos, continuaba Eufrasio, a este tipo de filosofía, que surge en su origen primigenio de la «experiencia de la realidad humana», la podemos diferenciar de los partidarios del platonismo y del aristotelismo, sumergidos ambos en el ideal socrático. Si bien apreciaba Eufrasio que estaríamos ante «dos estilos filosóficos», el de Séneca y el de Sócrates, y se podía observar que, en ciertas ocasiones, también Sócrates se sumerge en la «humilde menudencia de aquello que nos circunda».

Para poder corroborar nuestra observación sobre Sócrates, fijémonos en lo que dice Platón en el *Parménides*: «Es que todavía eres joven, Sócrates —dijo Parménides—, y la filosofía no ha tomado aún posesión de ti. Vendrá el tiempo, si no me equivoco, en que la filosofía te tendrá más firme en sus garras, y entonces no despreciarás ni las cosas más humildes».[2] De forma análoga la caza, dice Gustavo Bueno, «son cuestiones de principal importancia para la filosofía; no son cuestiones menores»,[3] y además recalcaba el profesor Bueno especialmente para los que habitamos en las limitaciones de la piel de toro. Las cuestiones menores solo son observadas por quienes no poseen los «instrumentos conceptuales» pertinentes para poder valorar con suficiente alcance, el mayor concepto de las cuestiones «más humildes». Eufrasio seguía cuestionando que en el precario mundo en que vivía, es decir, cuando se habla de caza en nuestra sociedad actual, nuestra mirada la dirigimos apresuradamente hacia la práctica de un deporte, bien como ejercicio físico o *de portu* —cuando no se navega— cuando nuestros quehaceres necesarios ya se han realizado y nuestra actividad nos conduce hacia una posible diversión. Una afición hacia la diversión que se puede entender como una separación provisional y fehaciente de lo que verdaderamente en nuestra vida solemos ser; en definitiva, la modificación temporal de «nuestra

---

[2]   Platón. *Parménides*, 130 b.
[3]   Fernández Tresguerres, Alfonso. *Los dioses olvidados*. Prólogo de Gustavo Bueno.

personalidad efectiva» por una que de forma expresa suele ser arbitraria, soportar por momentos dilatados la evasión de «nuestro mundo a otros que posiblemente no sea el nuestro». Estaríamos diferenciando lo que en definitiva sería nuestra «vida auténtica» y nuestra «vida presunta». Para saber fehacientemente cuál es la verdadera de las dos, Eufrasio se sentía en la obligación de que nos detengamos por unos instantes y realizar ese «ensimismamiento», de precedentes orteguianos, y decidirnos por una de las dos con la clarividencia suficiente y necesaria. Pero por el momento, Eufrasio se contentaba si nos centráramos en las cuestiones que *a grosso modo* había planteado con anterioridad. Se debería incluir por tanto todo lo que ha precedido en la exposición de sus divagaciones. Observaba que, cuando conceptualizamos la caza como deporte, como afición, casi «necesaria» diversión, etc., no hacemos más que enumerar las facetas de la caza misma, es decir, las partes de un todo. Si tenemos en cuenta que el todo es más que las partes, podríamos deducir que hay algo más detrás de la caza, y que con frecuencia omitimos cuando apuntamos hacia ella para hacer blanco. Posiblemente en la meditación que Ortega realiza sobre la misma estamos ante «uno de los ensayos de Ortega que han alcanzado una estimación y una difusión más universales». Según Paulino Garagorri, estudioso de las tesis orteguianas y comentarista de su obra, significaba que la cosa no queda solo ahí, sino que, además, el tratado de referencia es considerado «pieza literaria cuanto como ejercicio intelectual ha de figurar entre lo más logrado de su legado filosófico».[4]

---

[4]   Ortega y Gasset, José. *Sobre la caza los toros y el toreo.*

Eufrasio había leído una y otra vez el prólogo de Ortega y a veces temía que pudiera caer bajo una falsa apariencia e insignificancia, pero de lo que verdaderamente se trataba era de una austera investigación que realiza Ortega «del más radical de los problemas humanos», que no es otro que retroceder a los albores para iluminar con «humilde menudencia» los orígenes del ser humano y «los balbuceos de su razón». Apostilla Garagorri al mismo tiempo que las cuestiones que aborda Ortega en su prólogo lo realiza sin abstracciones, sino de la forma más concreta e inexorable posible, como son las cuestiones del «enigma cósmico del instinto» y el carácter «religioso y lo que hay de divino, de trascendente en las leyes de la naturaleza». A todo esto, podemos añadir, su capítulo «Caza y ética», más lo que podríamos deducir de su «mismidad de la caza», la estética, cuestión que Eufrasio había planteado ya en sus deliberaciones mentales, y se mostraba dispuesto a seguir abordando el tema en cuanto la ocasión lo requiriese. El profesor Bueno recordaba Eufrasio que, de forma casi análoga, llega prácticamente a la misma conclusión respecto del preámbulo orteguiano, además de reconocerle un enorme mérito, el de haber erigido la caza nada más y nada menos que «a la condición de tema de filosofía primera», expresado con toda naturalidad en el prólogo de *Los dioses olvidados*.

A pesar de todo ello, Ortega no deja de tener críticas a su estudio *Sobre la caza*. Bueno se debate entre las tesituras de su materialismo filosófico, el formalismo o el idealismo, y sus conclusiones sobre *El animal divino*. Tresguerres, por su lado, en la disputa entre la disyuntiva caza angular o caza radial,[5] sin tener

---

[5] Tresguerres define la caza angular como la caza deportiva y la caza radial como

en cuenta que la caza misma anula todas estas especulaciones, el acto mismo de cazar es independiente a las circunstancias que le rodean, ya sean las derivadas de la razón o las propias de las leyes de la naturaleza y su mundo sensible. A veces, dentro de las ensoñaciones ilusionistas de Eufrasio, se detenía en recordar otros autores de la piel de toro, recordando que razón y naturaleza, dos elementos básicos en la teoría de Séneca, habían de tenerse en cuenta para que el cazador pueda apropiarse del animal procurado. El ser humano, al estar compuesto por cuerpo y alma, mantiene unas pasiones que son análogas a las de las bestias. Pero su dotación no es la del instinto de los animales, sino la de su propia razón, y esta es lo más superior que existe en el hombre, lo que lo asemeja a los dioses. Una tesis de corte senequista que se equipara a la de Gustavo Bueno y su *Animal divino*, una divinidad que es posible que tenga su origen primigenio en el razonamiento y la práctica de ciertos seres humanos si consideramos además las teorías evemeristas.[6] La teoría de Evémero de Mesene presume que la mitología ha surgido de hechos y seres humanos reales. La adulteración y exageración de acontecimientos y personajes transmitidos a través de la historia han dado origen a la actualidad, es decir, que son fruto de un pasado mal recordado. Estaba claro para Eufrasio que Ortega y Gasset le había imprimido a la caza marchamos que hasta la fecha del prólogo pocos se habían atrevido a colgar como añadidos de la misma.

---

caza-trabajo. Fernández Tresguerres, Alfonso: Los dioses olvidados.
[6]  Evemerismo es una teoría hermenéutica de la interpretación de los mitos creada por Evémero de Mesene, según la cual los dioses paganos no son más que personajes históricos benéficos de un pasado mal recordado. https://es.wikipedia.org/wiki/Evemerismo. 31-12-2021.

Siempre bajo la perspectiva orteguiana como referente, Eufrasio, en su simple apreciación subjetivista tal y como había mencionado en otras ocasiones, estimaba que el gran pensador hispánico pudiera haber carecido de los sentimientos y la óptica del cazador auténtico, la de haber saboreado expresamente y con más asiduidad la estética de la caza, si bien Ortega enumera de forma minuciosa y acertada las circunstancias que rodean o que hacen posible las prácticas cinegéticas, es decir, lo que de forma primigenia observa acerca de las acciones consustanciales que concurren en los lances venatorios. Es posible que le falte algo de concreción a la hora de plantear las categorías de esa mismidad de la caza, que de forma tan deslumbrante ha definido en su texto. Todos sabemos que, a través de nuestras expresiones, los signos lingüísticos que se alojan en nuestras mentes se filtran por entre las rendijas de las manifestaciones que realizamos en nuestra habla. Aunque nuestro autor hace referencia a ciertas excursiones cinegéticas, parece ser que solo han sido de forma ocasional y ausentes de intención deportiva, en la que, según sus propias palabras, no ha concurrido «una libérrima renuncia del hombre a la supremacía de su humanidad».[7]

La caza deportiva entendida por Ortega no es solo actividad física o pura diversión abstracta, como se podría entender en la actualidad, sino la renuncia a utilizar todos los medios posibles que el progreso del ser humano ha puesto a su propia disposición. Ese abandono intencional de las técnicas le conduce a una «consustancial elegancia», sobre todo cuando practica la caza deportivamente —con cierta noción ancestral—, «liga sus

---

[7]   Ortega y Gasset, José. *Sobre la caza los toros y el toreo.* Pág. 39

excesivas dotes y se pone a imitar a la naturaleza». Pero el caso
de la práctica cinegética en Ortega parece no ser el descrito con
anterioridad. Su exposición en el texto de algunos de sus lances,
nos hacen sospechar —y por las rendijas de sus manifestaciones
se denota— que no es el caso de D. Miguel Delibes, que se
autoproclamaba un cazador que escribía y no un escritor que
cazaba, que sudaba la pieza de forma previa, indistintamente
de la culminación de su abatimiento o captura. Sin embargo,
consideraba Eufrasio que acierta de pleno en su «primer atisbo
de por qué es para el hombre tan grande delicia cazar». Como
partícipe del pensamiento sureño respecto a otras opiniones de
la Europa del momento, Ortega se centra en lo problemática que
es la caza misma, y parece que, desde su perspectiva de cazador
ocasional no mimetizado en la naturaleza, no se percata de esos
momentos especiales que a un cazador más integral y apasionado le ocasionan los lances cinegéticos. Esta cuestión puede
ser análoga a esos instantes singulares que son tan efusivamente
citados por María Zambrano cuando habla precisamente del
autor del prólogo a *Veinte años de caza mayor*. Aseveraba Zambrano: «Existen en toda vida instantes privilegiados, que son los
que hacen de esa vida una vida... Son así, instantes en los cuales
la persona consigue una entera presencia, y el que los recibe
goza de su tiempo, de un tiempo que, sin dejarle fuera del fluir
temporal, entra en el campo de lo inolvidable».[8] Ese campo de
lo inolvidable es el que el cazador solitario siembra mientras se
adentra en el monte cordobés, se patea los riscos de la sierra de

---

[8]  *Revista de Estudios Orteguianos*. Pág. 261. María Zambrano. *José Ortega y Gasset en la memoria*.

Guadarrama para tener un perspectivismo adecuado,[9] se asoma «a las cárcavas inhóspitas de Renedo o a los tesos mondos de Aguilarejo»;[10] y, cómo no, cuando al cazador la pergaña de sus botas se le incrementan hasta llevarlo a la extenuación, y que tras cinco horas por la campiña sevillana estrujando terrones le salta la perdiz amonada en la melga, se tropieza literalmente con ella, con el revuelo estrepitoso y raudo de la gallinácea. Es entonces cuando el cazador ha de reportarse, hasta poder interrumpir con su yuxtapuesta la trayectoria del «animal procurado». Es en este preciso instante cuando el cazador es incapaz de preguntarse por la problemática de la caza. Simplemente actúa conforme a sus instintos primarios de la naturaleza, que previamente han sido representados en imágenes por su intelecto, por el simple

---

[9] La visión sobre la sierra de Guadarrama es una expresión que utiliza Ortega para explicar su perspectivismo. Cada uno ve la sierra de una forma diferente.

[10] Delibes, Miguel. *Diario de un cazador*. Delibes realiza en su prólogo-dedicatoria todo un alegato a «esos cazadores digo, de buen corazón y mala lengua», de un despliegue filosófico similar al de Platón en el *Parménides*, Gustavo Bueno y el mismo Ortega, el pensamiento sureño que nos descubren la *humilde menudencia*, las *cuestiones menores* y las *cosas más humildes*, Delibes expone su visión del cazador deportivo, similar a la definición de Ortega. «A mis amigos cazadores que, por descontado, no son gentecilla de poco más o menos, de esa de leguis charolados y Sarasqueta repetidora, sino cazadores que con arma, perro y bota componen una pieza y se asoman cada domingo a las cárcavas inhóspitas de Renedo o a los mondos tesos de Aguilarejo, a lomos de una chirriante burra o en tercerola, en un mixto de mala muerte, con la Doly en el soporte o camuflada bajo el asiento, sin importarles demasiado que el revisor huela al perro ni que el matacabras azote despiadadamente la panamera; a esos amigos cazadores, digo, de buen corazón y mala lengua, para quienes cazar en mano continúa siendo un deporte, pese a que la perdiz y la liebre se muestran caza día más reacias a aguardar amonadas en un chaparro, y pese, no menos, a los multitudinarios y descansados ojeos y a los pasos de palomas de Echalar, que así, vergonzosamente, se las ponían a Felipe II; a esos cazadores, digo, que todavía van a la pieza noblemente, porque la pieza, pese a todo, aún sigue siendo para ellos una trofeo y una suculenta merienda, va dedicado este libro».

hecho de hacer retener esos momentos inolvidables. Y en la posteridad del lance, cuando tenga la necesidad de volver a su vida presunta, poder recordar ensimismado lo que es «la representación sensible de la idea», la cual lleva consigo y además intenta reproducir cada vez que vuelve a su verdadera existencia, la vida auténtica.

Confluye en los momentos citados algo apenas apreciado. La conjunción entre razón y naturaleza nos hace al mismo tiempo actor y espectador mediante la acción venatoria, actúa y contempla al mismo tiempo la escena mediante su representación, que previamente había sido establecida. Se convierte por tanto en una experiencia estética que, aunque es difícil de captar, no por ello imposible. El bosque de la problematicidad de la caza a veces nos impide ver la pieza objeto de captura, la estética que nos proporcionan los lances que se realizan y que en la mayoría de los casos es imperceptible, bien por falta de una mirada perspicere o el aconsejable y casi necesario ensimismamiento para poder tener un concepto real del lance ocasionado, el cual magistralmente define Ortega, donde razón y vitalismo se conjugan al unísono, y al efecto comenta:

> «Pues bien, para que se produzca genuinamente ese preciso acontecimiento que llamamos cacería, es menester que el animal procurado tenga su chance, que pueda, en principio, evitar su captura; es decir, que posea medios de alguna eficacia para escapar a la persecución, pues la caza es precisamente la serie de esfuerzos y destrezas que el cazador tiene que poner en ejercicio para dominar con suficiente frecuencia los contramedios del animal objeto de ella».

No se cansaba Eufrasio de recordar la magistral definición de Ortega. Mediante su esfuerzo físico o vitalismo, unido inexorablemente a la destreza razonada que tiene que emplear, son los medios oportunos para apoderarse de esa *res nulius* objeto de captura. Es una prueba más de la filosofía que encierra el pensamiento sureño, que está impregnado en los ensayos y en la narrativa de la poco advertida filosofía hispana. Delibes, en su novela narrativa, al igual que Unamuno o Baroja, definen una filosofía de vida cazadora poco usual, e incluso de filosofía política, como demuestra en su citado prólogo-dedicatoria. Todo para defender una vida auténtica lejos de la impuesta o presunta. Harto de la vida impuesta o presunta, echaba de menos la auténtica. Frasi era partidario de eso de tener y procurarse una vida auténtica no era tarea fácil, máxime si lo que pretendemos en esa citada vida es sembrar en el campo de lo inolvidable, de experiencias estéticas que nos facilita la caza, ya que el otro, las circunstancias, mundo o sociedad globalizada, intentan eliminar del ser humano esa autenticidad con asiduidad. Este caso no se da solamente en nuestra actualidad, sino que existen constancias ya en las tragedias de Sófocles. Filoctetes por ejemplo fue abandonado en la isla por la sociedad cuando ya no le hacía falta a la colectividad existente. Los seres humanos ya no eran cazadores recolectores, sino ganaderos y agricultores. Y por su mal hedor-cazador provocado por la picada de la serpiente en su pierna, solo el eco de la montaña —sus incursiones en la naturaleza mientras cazaba en solitario— le consolaba su dolor.

A Eufrasio se le venía a la mente el recuerdo de lo leído sobre René Descartes. Este se negaba a impartir clases de teatro, alegaba el francés que bastante teatro (vida impuesta o presunta) hacía todos los días en la cotidiana vida ante los demás para no hacer más actuaciones impuestas. Harto de la vida impuesta o presunta, cansado de luchas teatrales, estaba interesado en la auténtica. Todo esto ha seguido hasta casi llegar a nuestros días en que la industria cultural nos globaliza en rediles consumistas, como demostraron Theodor Adorno y Max Horkheimer. También nos desvían del camino recto, regímenes demagógicos totalitarios, bipartidismos polarizados o mayorías sociales teledirigidas, unificando en las egocracias nuevamente la unificación de la división de poderes, que tanto John Locke y Monstesquieu intentaron diversificar, y que, lejos de poder establecer unos derechos humanos dignos para todos, al haber perdido los argumentos ante las potenciales investiduras y la política monetaria, que son las que prevalecen, se dedican a implantarnos una serie de ismos para desviar nuestra atención y no retorno a nuestra vida auténtica. O como comenta el profesor Sevilla en *Tropezar con el otro*, necesitamos un eventual retiro, para no vernos envueltos en «sentimientos convenidos, miradas miopes, cuando no ciegas».

Para Eufrasio la caza tenía otras vertientes, como por ejemplo una especie de ocultación y amanecer de nuestra vida en la naturaleza, como si la pieza procurada fuese una especie de animal divino.

El acto mismo de cazar o la mismidad de la caza, como bien apuntaba Ortega, es independiente a las circunstancias y problematismo del mundo de la caza. Pero el perspectivismo que ha de emplearse ha de ser desde la interioridad y la externalidad, fruto de nuestro intelecto y de nuestras acciones, que nos proporcionan experiencias estéticas inolvidables, como Frasi había expuesto con anterioridad. La caza es al mismo tiempo ocultación y amanecer de nuestra vida en la naturaleza. Pero debemos ir con precaución, a nuestra vida no podemos intentar llenarla en su plenitud de momentos estéticos, porque, según la teoría orteguiana respecto de la tauromaquia, solo existen buenos eventos, porque abundan los malos. Son indispensables los unos con los otros, de otro modo serían todos iguales. Por tanto, la caza debe proporcionarnos contadas y específicas experiencias, para que no se sumerjan en el océano de nuestro intelecto y nos quede lo puramente estético. Así Delibes explícitamente anota: «No se deben abatir más de cuatro o cinco piezas, para acordarnos bien de cómo hemos ejecutado los lances»,[11] los citados chances estéticos.

La caza para Ortega, en la problematicidad que le rodea, y de forma análoga a Delibes, ha de preservarse de ella misma. De forma inexorable y concisa nos aclara: «Se fue el hombre imponiendo limitaciones frente al animal para dejar a este su juego, para no desnivelar excesivamente la pieza y el cazador, como si ultrapasar cierto límite en esa relación aniquilase el carácter esencial de la caza, transformándola en pura matanza y destrucción». Pero ¿cómo es posible que una cosa tenga que salvaguardarse de ella misma? Desde nuestra subjetividad, tosca y esquemática, como diría Aristóteles, vamos a intentar dilucidar esta aparente contradicción, que, lejos de pretender aniquilar el carácter esencial de la caza, la contornea, la mima y la mantiene como la caza en su completa mismidad, dando lugar a una verdadera ontología de la caza.

Para ello es preciso recordar las múltiples triadas que han contribuido para la interpretación del mundo que nos rodea,

---

[11]   Delibes, Miguel. La caza de la perdiz roja.

sin olvidarnos de las relaciones de convivencia de los seres humanos. Posiblemente mediante las triadas podemos establecer cierta conexión entre el animal-proteínico que ha sustentado al género humano desde sus orígenes, hasta convertirlo en el animal divino o en los dioses olvidados que, al estilo de Evémero, la humanidad ha ido tergiversando, «convirtiendo en personajes históricos benéficos de un pasado mal recordado». Sin embargo, es posible que, si los seres humanos, esencialmente los cazadores, cumplen con los dictámenes de las ternas establecidas en las mismas, la caza, teniendo en cuenta la escasez inherente a ella según Ortega, podrá seguir siendo para el hombre «trofeo y una suculenta merienda».[12] Todo esto, sumado a las experiencias estéticas inolvidables de María Zambrano, el ser humano-cazador puede conseguir la felicidad; es decir, sería como la cimentación del estoicismo senequista, pues el cazador utiliza su mundo o circunstancia con sabiduría, de forma humanística, lo que podemos denominar una filosofía práctica del cazador.

En George Gumézil, argumentaba Eufrasio, nos encontramos como uno de los mayores exponentes y gran precursor de las triadas. Gumézil partía de la comparativa de la mitología antigua de pueblos indoeuropeos, y al parecer pudo demostrar que obedecían a construcciones narrativas de similar contenido o significado. El abanico es muy amplio, desde las sociedades de castas de la India hasta lo relatado en la fundación de Roma. Así, el autor descrito forma su triada, «la función sagrada-jurídica, la función guerrera y la función de producción». De igual forma, la religión católica mantiene su Santísima Trinidad, y las virtudes

---

[12]   Delibes Miguel. *Diario de un cazador.*

teologales: Fe, Esperanza y Caridad, Aristóteles, su acción, producción y contemplación, la filosofía de Séneca entre otras, la sabiduría, la prudencia y la virtud. Kant, intentando resolver su gran interrogación antropológica —¿qué es el hombre?—, explicita Gustavo Bueno en su *Animal divino* respecto a Kant: «¿No pueden ponerse en correspondencia precisamente con estas tres virtudes teologales o naturales? ¿Qué puedo saber? ¿No se coordina con la fe, o acaso con el pasado? ¿Qué debo hacer?». ¿No tiene que ver con la acción caritativa, materia del presente? En cuanto a la tercera pregunta, ¿qué me es dado esperar?, explícitamente tiene que ver con el futuro, con la esperanza.

Si intentamos encontrar ahora la concordancia de la triada de Aristóteles, la acción la producción y contemplación con la sabiduría, la prudencia y la virtud. «La sabiduría y acción vital, la acción sabia»,[13] lo que Ortega denomina la acción de ver la pieza y la acción de su captura correspondiente. La prudencia, el saber contemplar la naturaleza para que se regenere por sí misma y siempre tenga el ser humano ese animal divino para que le sirva en el futuro, de la suculenta merienda de Delibes. Y por último la virtud, el sumo bien y la virtud, La *bona conscientia* que el sabio ha de preservar compartiendo la producción, el fruto de sus esfuerzos y destrezas con el prójimo, el otro.

Veamos por último dos triadas que posiblemente pasan inadvertidas, pero que se pueden aplicar a esa filosofía práctica que debe ser imprescindible para todo cazador, la de Ortega. Yo soy yo y mis circunstancias, y la de Delibes, un hombre libre, ante

---

[13] Sevilla Fernández, José Manuel. *Pensamiento hispánico. Curso de ideas y esquemas de las lecciones de clase*. Pág. 32.

un animal libre y en un terreno libre. ¿En la de Ortega acaso no hay un yo que piensa, que razona y tiene fe en sus problemáticas acciones? ¿No existe un yo que vive, actúa y produce? ¿No tropieza con el otro, mundo, circunstancia o naturaleza, y que tiene la obligación de compartir y ser caritativo para preservar el medio?

¿Acaso el hombre libre de Delibes no utiliza su razón para tener libertad y fe en las acciones que debe realizar? ¿El animal libre y el animal-hombre no deben procurar una producción sostenible? ¿Y el terreno libre no se refiere al mundo, la naturaleza que debemos compartir y ejercer la caridad con el prójimo? Esto es acorde por ejemplo con la moral de Séneca, cuyo eje principal es el desinterés hacia los bienes transitorios de la vida, lo que se denomina la caridad. Que no significando que no se puedan tener o adquirir bienes terrenales, pues lo que sería más prudente es hacerlo con escasa vinculación. Pero esa caridad a la que nos referimos llega aún más lejos. Desde nuestros ancestros del Paleolítico, cuya vida era casi con exclusividad dependiente de la caza y la recolección. Representan por tanto la humanidad más primitiva, y en esos momentos prehistóricos, carentes de Estado, legislaciones y «autoridad, solo una ley goza entre ellas de vigencia: la que determina cómo ha de repartirse la caza cobrada».

Nos encontramos por tanto ante una filosofía práctica, como había ya mencionado con anterioridad Eufrasio, si excluimos por tanto la abstracción, porque «lo más vergonzoso es filosofar con palabras, en vez de hacerlo con obras», texto mediante el cual nos sermoneaba Séneca, se debe progresar hacia la sabiduría y la virtud, para intentar alcanzar la felicidad. Y verdaderamente como alude Ortega es el cazador un ser proclive a un estado felicitario, porque concurren todas las circunstancias que se han mencionado. Si bien es cierto que en muchos casos no es consciente de ello, por eso para el hombre es «grande delicia cazar», apostillado una y otra vez por el pensamiento orteguiano.

El conde Yebes, principal personaje del prólogo, no se siente feliz en su presunta vida. Yebes, «hombre de mundo que asiste con frecuencia a fiestas de la sociedad elegante, donde indefectiblemente se duerme». Practica con asiduidad el ensimismamiento, «pero lo más característico en el conde de Yebes es que de vez en cuando desaparece súbitamente de la ciudad», es proclive a volatilizarse comenta Ortega. «Nadie sabe dónde está, porque está donde no está nadie». Intenta vivir en unas condiciones diferente a las sociales, utiliza el régimen del solitario para valerse por sí mismo y tener una perspectiva diferente. Se pierde, dice Ortega, «en el más perdido risco del perdido Gredos, en el fondo de un coto, allá por Sierra Morena, en el oscuro seno de un bosque toledano».

Busca la autosuficiencia, tanto física como mental, y esto es posible y lo logra, según Ángel Ganivet, «mediante una vida conforme a la naturaleza, el desprecio al dolor y la riqueza». Se marcha el conde «a tierra de nadie», terreno libre, e incluso «a la tierra prohibida en plan cazador furtivo». Ortega comentaría que esa es la verdadera vida, la problemática, entusiasta y felicitaria vida alerta, la que esos cazadores empedernidos e incorregibles, «esos que su afición crece con los fracasos»[14] cuando la practican. Lejos de la presunta vida para zambullirse plenamente en la vida

---

[14]  Vázquez del Río, Juan. *Memorias de un reclamo.*

auténtica». De aquí que en su ejercicio participe el hombre entero, arrancándole por completo de su existencia habitual.

Eufrasio se basaba nuevamente en Ortega cuando nos recuerda una y otra vez que «el temple de ánimo con que salen de caza» es algo inusual comparado con la predisposición que plantea el ser humano ante el trabajo-*trepalitum,* que en sus orígenes significaba posiblemente un atroz tormento. A pesar de que «la continuidad del enojo nos haya encallecido un poco, siguen pareciéndonos penosas esas ocupaciones impuestas por la necesidad». El *trepalitum* nos arrebata el tiempo «para ser felices y las delicias» luchan contra el tiempo que nos reclama el trabajo. Por este motivo, cuando gozamos de experiencias estéticas mediante la caza, «quisiéramos perennizarlas, eternizarlas. Y en verdad que absortos en una ocupación feliz sentimos un regusto, como estelar, de eternidad».

Eufrasio era consciente de que en sus pensamientos merodeaba que lo esencial de la caza podría asemejarse a la metacaza según Ortega. Intuía infinidad de veces que a los conceptos que la historia de la humanidad ha heredado acerca de la caza les ha ocurrido algo parecido como a los dioses de Evémero, que han sido fruto de una lejana historia mal invocada, o como al pensamiento sureño, que las miradas internas no han sido lo suficientemente agudas, aparte de las fuerzas externas que han penalizado su filosofía por intereses no deseados. El ejemplo lo tenemos a mediados del siglo pasado con el gran pensador Martin Heidegger, quien aludía que solo se pensaba bien filosóficamente hablando en alemán, el resto de las lenguas solo hacían depauperadas investigaciones filosóficas. Pero «la caza no se puede definir por sus finalidades transitivas, utilidad o deporte —opinaba Eufrasio. Estas quedan fuera de ella, más allá de ella, y la suponen». Por lo tanto, las aplicaciones que con libertad intentamos complementar «a la caza implica que esta es ya y que tiene su consistencia propia antes o aparte de aquellas aplicaciones».

Con estos argumentos es fácil distinguir que precisamente lo esencial de la caza es precisamente lo que no se dice de ella, como argumentaba Wittgenstein de su *Tractatus*. Pero esto que estamos expresando queda prácticamente aislado en la soledad del cazador perspicaz, pues ocurre que las circunstancias son análogas a lo que comentó el mismo Wittgenstein al tribunal que lo juzgaba para otorgarle si procedía un puesto universitario: «Vosotros tranquilos, que lo que yo estoy diciendo nunca llegaréis a entenderlo». A pesar de todo el cazador de desengaños es consciente de todo esto. Decía Nietzsche: «Si nos sentimos tan *a vontade* en medio de la naturaleza es porque esta no tiene opinión sobre nosotros». La naturaleza lo que hace es empequeñecernos, humillar nuestra razón pura. Lo que hacen los verdaderos cazadores con la historia, con la cultura de la caza es salvar «a la pura vida gracias a la mediación de la racionalidad (que no razón pura) de la propia vida».[15] Argumentaba Ortega que, si hubiese sido cazador, de los empedernidos a pesar de los desengaños, la modalidad preferida habría sido «la caza solitaria con can y escopeta. En ella el hombre descansa de los hombres». Florece nuevamente en el texto el régimen del solitario y su ensimismamiento: «En efecto, uno de los ingredientes deliciosos de la caza solitaria es que ella interrumpe la constante presión que sobre nosotros ejercen las opiniones y

---

[15]  Sevilla Fernández, José M. *Pensamiento sureño.*

239

los prejuicios». Eufrasio rememoraba cuando Ortega aboga por su radical soledad, situación y circunstancia que no significa que el cazador esté precisamente solo, es una soledad aparente, no es real. Alude el autor del prólogo a que precisamente aquí está el nervio de la caza, su esencial raíz. Si nos adentramos e intentamos mimetizarnos en el paisaje como lo realiza el cazador solitario con can y escopeta, observamos que estamos ante un medio compuesto por animales, minerales y plantas, y nos encontraríamos en la soledad absoluta, pero no es el caso.

Al ser la soledad lo contrapuesto a la compañía, para que se produzca esta última es preciso que alguien nos responda, que note nuestra presencia, la relación con el medio, «la mirla alcahueta advierte, algo viene que amenaza». Se denota irrevocablemente que unos innumerables seres se percatan de él. De tal forma, cuando, inmersos en la dehesa, o en la campiña, al cazador solitario le sorprende el «revuelo bronco, súbito, imprevisto de una perdiz tras un matorral», corrobora la compañía existente entre cazador y naturaleza y «ese sobresalto se origina en que somos nosotros quienes hemos sido descubiertos por el animal que no habíamos sido capaces de descubrir». Un sobresalto que orienta al cazador para que se cerciore de la «sana humillación» que le hace la naturaleza y que supone un nuevo aliciente en el ejercicio de la caza. El cazador solitario es una particularidad inmersa en la universalidad de la caza, como un particularismo universalizante, que propone al mismo tiempo la inconmensurabilidad del ejercicio venatorio. Que el hombre ha cazado es evidente, su propia historia desde sus orígenes lo atestiguan, y como el hombre es ante todo historia, el ser del cazador está ineludiblemente ligado a su historia. Ortega lo describe así: «Ese hombre auroral tuvo que dedicarse a cazar para subsistir... Fue, pues, la primera forma de vida..., y esto quiere decir que el Ser del hombre consistió primero en ser cazador».

Para Eufrasio, por tanto, enumerar las relaciones secuenciales que se han relatado acerca del ser humano respecto de la caza sería tarea casi inalcanzable. Pero quería evocar en su reiteración sobre el tema que intentaba demostrar que existían otros argumentos adicionales, como el que el sabio profesor D. Jacinto Chozas nos ha prescrito en su libro *Filosofía de la cultura*, que es nada menos que reiterar que la mayoría de las costumbres que tiene el ser humano proceden de los ritos de nuestros ancestros, los mismos que en la actualidad se encuentran «mal recordados». Unos ritos cuyos orígenes tenemos presente sin saber efectivamente su procedencia, de ahí que nuestros genes estén impregnados de su historia cazadora, la metacaza.

Este es el motivo mediante el cual es posible que lo que no se dice de la caza es más esencial que lo que verdaderamente se dice de ella, un *concepto* elemental. Pero lo cierto es que solo se habla en líneas generales de sus categorías y de su problematicidad, lo que nos supone aceptar su vitalidad o su impresión. La mitología corrobora la conjunción entre el ser y la caza, el concepto y la impresión que Apolo-idea y Dafne-naturaleza son imprescindibles para las experiencias estéticas que proporciona la caza.

Pero también la vida del cazador tiene sus disyuntivas, como ya había pensado con anterioridad Eufrasio. Venus y Adonis, representados en el arte, nos ofrecen la incertidumbre de una elección. Adonis tiene que decidir entre sus experiencias estéticas con la caza o la compañía de la belleza de Venus. Según Rubens o Tiziano, Adonis se decanta por la caza, mientras que Venus intenta aliarse con Cupido para retener a Adonis. Con cierta analogía, la Celsa, personaje de Delibes, lo corrobora cuando le espeta a Juangualberto: «¿Qué tendrán las perdices que no tengamos nosotras». Todo lo expuesto con anterioridad nos da para realizar una reflexión respecto a la disertación de Ortega, *Sobre la caza*, y aunque Frasi había intentado realizar algunas críticas, habría que admitir que realizó una narrativa filosófica de la caza que hasta entonces no se había conocido. Esta es su gran aportación, como comentó Gustavo bueno, elevarla a «filosofía primera», que no es ni de lejos una «menudencia». No en vano, para Ortega, «cada vez que el filósofo ha querido denunciar la actitud en que él en su labor meditabunda opera, se ha comparado con el cazador. *Thereutes*, dirá una y otra vez Platón; *venator*, repetirá santo Tomás de Aquino». El filósofo ha de permanecer alerta, «que la solución brinque del punto menos previsible en la gran rotundidad del horizonte», como si de una pieza de caza se tratara.

# Las ensoñaciones reparadoras de los desengaños

*20 de noviembre de 2020*

Eufrasio se despertó con la misma inquietud de la noche anterior. A nuestro personaje no le molestaba en absoluto no poder salir a cazar; al contrario, cuando la tempestad del viento y del agua arreciaba, la razón le animaba a permanecer en la lejanía cinegética. Frasi se sentía feliz, como si hubiese asistido a la mejor de las jornadas de caza. Efectivamente era así, las condiciones de posibilidad del día vedado por las inclemencias meteorológicas eran mucho más amplias que las de cualquier día de práctica cinegética. *Juangualberto* sabía que las vísperas eran mejores que las fiestas, por la sencilla razón de que en la antesala de cualquier acontecimiento las perspectivas pueden ser muy extensas, mientras que, cuando llega el día de caza, tiene sus limitaciones, cualquier circunstancia que concurra repercute en las posibilidades que existían. Sobre todo lo que más apreciaba Eufrasio era que las piezas procuradas quedaban para otro día o para madre, para reavivar la naturaleza.

Lo que Frasi llevaba muy mal era que constructos humanos impidieran esas salidas camperas que le proporcionaban ciertos sentimientos agradables. Por ello no paraba de darle vueltas a su intelecto, para poder por lo menos campear sus perros y su escopeta, que con el aire limpio del campo se rejuvenecía a cada leve brisa percibida. Por unos instantes se acordó de un agricultor que le tenía dicho que cuando quisiera podría cazar en su finca, la cual estaba dentro del término municipal de Cercenada de los Reyes. Este le estaba muy agradecido por algunos favores que desde su humilde puesto de trabajo le había proporcionado. Salió de su casa y se dirigió a la casa cortijo del pelantrín. José Antonio, apodado el Verdulero, era un labriego de pocas tierras en propiedad; sin embargo, llevaba en arrendamiento algunos cientos de fanegas por su constancia y tenacidad. Al verdulero solo le gustaba la caza con galgo; las perdices las cuidaba con mucho mimo, pero no las cazaba.

Cuando Eufrasio llegó a la vivienda campera, simulaba la cobija familiar un pequeño cortijo sureño con su pequeño patio empedrado, su arco en la entrada y el pozo con su pilar que servía de abrevadero para las bestias tras el trabajo a mediados del siglo anterior. Al ladrido del mastín, salió la hija de José Antonio. Eufrasio le preguntó por su padre y esta le dijo que había ido a la capital para arreglar unas incidencias de la PAC. María Teresa, que así se llamaba la hija, antes de que Eufrasio le dijera nada le comentó que, si venía por el tema de la caza de la perdiz, que su padre le había dejado un permiso en blanco firmado por el titular del coto para que hiciese uso de él cuando quisiera. Eufrasio se quedó sin palabras, sus incondicionales favores burocráticos habían dado su fruto. Pero nuestro cazador no podía aceptar tal invitación, un auxilio documental lo hacía Eufrasio sin el más mínimo interés. Eufrasio se debatía entre la tesitura de cazar o no cazar. Para la perdiz no era tarde para comenzar su persecución a eso de las diez u once de la mañana, solo tenía que coger el documento, rellenarlo e ir a casa a recoger la escopeta y los perros. Así lo hizo, pero en el camino para recoger los pertrechos habituales se debatía interiormente si estaba actuando con la pertinente ética cazadora que pregonaba o si por el contrario se convertía en un advenedizo sin escrúpulos morales. A todo esto, se le sumaba la situación de precaria liquidez del verdulero y su familia, que no era la más adecuada para vivir con cierta libertad e independencia. Les convertía la situación en una dominación por parte de otros seres humanos, al no tener la suficiente solidez de pecunio.

Frasi no lo dudó dos veces. En su mente afloró la solución. Hizo un leve cálculo de las piezas que podría abatir en la jornada como invitado en el acotado y estimó que sin conocer mucho las querencias podría con mucha suerte abatir un par de pájaros. Las pájaros perdices se cotizaban en los ojeos entre cuarenta o cincuenta euros. Cogió un sobre, introdujo un billete de cien euros, lo cerró y le puso el nombre del pelantrín labriego. Cuando volvió a la finca objeto de caza, se llegó de nuevo al pequeño cortijo. Tere no tardo un instante en salir, ante la inquietud del guardián casero. Eufrasio se bajó del coche y le entregó el sobre a la hija del verdulero.

—Esto se lo das a tu padre cuando venga.

Su interlocutora le dijo que ya se lo daría por la noche, pues su padre, una vez que hiciera las gestiones, se llegaría a casa de su hermana, que se encontraba convaleciente de una operación de rodilla. Eufrasio se montó de nuevo en el todoterreno y se dirigió hacia la parte trasera de la casa. Dejó el coche detrás de una pequeña nave de aperos de labranza, que José Antonio tenía también y utilizaba como almacén. De esa forma dejaría el vehículo a la sombra, pues, aunque la temperatura no era tórrida, el sol de mediodía apretaba todavía lo suyo. La salida cinegética se había retrasado más de lo normal; aun así, eran casi las once y media, una hora extraordinaria para buscar las patirrojas, como decía el conde Tebas, la cacería tal como se presenta. Eufrasio no se salió de su guion. Soltó los perros y al poco tiempo guardó a Bruma para comenzar la jornada con Koran. Se dirigió hacia la linde para que las perdices no se salieran del coto. El acotado se componía de varias fincas, ya que la del conocido de Eufrasio más lo que llevaba en arrendamiento no era suficiente para reunir las condiciones de coto privado. El terreno por batir según la autorización que portaba Frasi estaba formado por un terreno ondulado con algunos regajos y una cornisa de forma ovalada que culminaba en una cresta pedregosa con monte bajo y algunos acebuches.

La irregularidad del pedregal arbustivo que contorneaba el pequeño altiplano lo hacía fácil de cazar. Después, como es obvio de haber subido la ladera, en el centro una franja de terreno algo más llano y de dimensiones variables estaba recién arada, preparada para la siembra de trigo. Un lindazo en forma de ele delimitaba bien el terreno cinegético por aquel lado del coto, que, compuesto por una valla de espino con vegetación arbustiva, era propicia para la mimetización de conejos y perdices. Eufrasio se encaminó hacia los límites zigzagueando algunas besanas. El perro no mostraba síntomas de coger rastro alguno de las ansiadas perdices. Repasó un par de arroyos sin resultado positivo alguno, no vio ni un rabo. Las gallináceas parecía que se las había tragado la tierra. El reciente labrantío de la tierra ofrecía un paisaje yermo. Frasi notaba algo extraño, no concordaba con la densidad de piezas que mantenía el acotado, sin ser algo excepcional pero tampoco ralo. Al culminar uno de los cerros, encontró la explicación de lo que ocurría: vio cómo una cuadrilla compuesta por cinco personas bien distanciadas pateaba un haza que aún mantenía el rastrojo de trigo. Con sus galgos atraillados componían una bonita silueta.

Eufrasio se mantuvo con la misma ilusión que al principio. Ya eran sobre las dos de la tarde y, visto que estaba batiendo el mismo terreno que la otra partida de caza, se decidió a subir la ladera y buscar los pájaros en las cumbres pedregosas y el monte bajo. La pendiente era casi de un doce por ciento y, cuando Eufrasio llegó arriba, estaba extenuado. Bruma, la perra de Eufrasio, había sido reemplazada por este cuando cambió la estrategia. Le iba a dar un par de horas de caza y sobre las cuatro o algo más daría por terminada la jornada. Llegó Frasi a uno de los picos de la cresta del pedregal y continuó su marcha por la margen izquierda de la corona orientada al oeste de la elevación del terreno. La corona pedregosa con el arbustivo de rigor a veces se ensanchaba considerablemente hasta formar una especie de llanura en la cúspide, muy original y atractiva desde el punto de vista cinegético.

Apenas había culminado Eufrasio la pendiente que continuaba elevándose, Bruma, que andaba husmeando casi a la perfección, pero sin llegar a mostrar una guía perceptible, andaba más nerviosa de lo normal. Eufrasio, que llevaba la vista al frente, pues su confianza en la perra apelaba a no mirar en distancias cortas por su efectividad en las muestras. A los pocos instantes vio cómo un par de perdices se esturreaban por el margen izquierdo del apretado de monte que coronaba la cumbre pedregosa. La considerable distancia entre piezas y cazador aconsejaron no tirarlas en esos momentos. Habría que continuar con la búsqueda. La esperanza cada vez se aminoraba de su exitosa culminación. El sol ya había pasado con creces la cúspide diaria. Todo se mostraba en contra de una plausible culminación de cualquier lance. A pesar de que para algunos pudiera parecer un fracaso cinegético, Eufrasio se sentía en su estado felicitario según Ortega. Bruma continuaba con su búsqueda lenta y cansina, como si solo estuviera deambulando por el accidental monte bajo. Mostró algo de nerviosismo, advertido por su compañero de caza. Al instante otra collera de pájaros se salió del terreno arbustivo. Frasi consideró el espacio susceptible de tener posibilidades de éxito y disparó ambos caños de su escopeta. Las patirrojas no levantaban su vuelo, salieron muy pegadas al suelo y no terminaban de elevarse. Eufrasio, al no levantar el vuelo las gallináceas, siguió con el arma la trayectoria sin levantar apenas la escopeta. El recorrido de los proyectiles se quedó rastrero por debajo de la horizontal. Por la continua elevación del terreno, una percepción errónea respecto a la imaginaria, pero efectiva línea horizontal, produjo el correspondiente fallo del cazador. Tendría que haber elevado con defecto su escopeta para que los perdigones acertaran con el objetivo perdicero, que llevaban una línea ascendente.

La mala apreciación de la trayectoria de las piezas objeto de ser procuradas por nuestro cazador produjo el estrepitoso fallo, al que habría que sumarle la distancia entre cazador y pieza. Pateado por Frasi el descansadero de ganado, deducido por la amplitud y las montoneras de cagarrutas ovinas persistentes en el ensanchado terreno, decidió pasarse al lado derecho de los pedregales y por ese lado intentar cortarle el paso a las perdices, que irían apeonando delante de la perra. Anduvo unos cuatrocientos metros y, en uno de los cortes de monte por donde tractores y segadoras se adentraban en el altiplano contiguo a los jaguarzos, acebuches y aulagas, se giró a su izquierda para entrarles a las perdices, cortándole el careo que habían mostrado las anteriores gallináceas. Un pequeño terraplén dividía la tierra calma con el baldío pedregal, tras la asomada al otro vértice del montaraz terreno. Frasi se dispuso a volver sobre sus pasos en paralelo a su primigenia trayectoria. El ensanche pedregoso y arbustivo era de unos cincuenta metros de ancho. El cazador con su perra, en lugar de seguir por el filo del monte y el barbecho, se adentró unos diez o quince metros, piedras, tomillos, aulagas y algunos mogollos de lentisco componían la cubierta vegetal del terreno a batir. No había andado más de cien metros, cuando se arrancan un par de pájaros en la lejanía y se le vienen encima a la altura de la gorra. A Eufrasio le sorprendió esa actuación de las gallináceas, al mismo tiempo que se echaba la escopeta a la cara. Escucha una detonación enfrente suya, más confuso aún, intenta apuntar una de las dos perdices que se le acercaban y, tras la detonación, el pájaro siguió su trayectoria. El tiro se le había quedado por debajo de la posición de la pieza. Percatado del error, levantó el arma y, cuando la tenía bien tapada, ejerció la presión suficiente sobre el segundo gatillo. Entonces la perdiz elegida se hizo un ovillo en el aire cayendo a escasos seis u ocho metros de sus pies.

Bruma, que estaba pendiente de los actos de su dueño, rápidamente se dirigió hacia el lugar de caída. Frasi se detuvo esperando que su auxiliar de caza le cobrara el pájaro. La perra seguía buscando en el lugar del pelotazo, pero no conseguía cobrar el animal abatido. Se fue acercando a la perra y no paraba de olfatear en los alrededores de las aulagas, que tenían alguna pluma enganchada en sus ramificaciones. Eufrasio comenzó a ampliar el círculo de búsqueda y a unos tres o cuatro metro más a su izquierda vio algunas plumas del pájaro. Este se había incrustado debajo de una piedra gruesa y yacía inerte en la sombra que proyectaba. Bruma, que atendía las órdenes de su compañero de caza, también se había desplazado hacia el lugar indicado por su dueño. No tardó en ventear el animal procurado, cobrándolo, a pesar de que tuvo que hurgar entre las espinas de las aulagas hasta llegar al lugar que cobijaba la pieza.

Cobrada la hembra de perdiz abatida, comenzó a escuchar Eufrasio alguna que otra voz humana que le venía desde la misma dirección que le habían venido los pájaros. Continuó la trayectoria que llevaba y a los pocos pasos descubrió un perro que, distante unos setenta metros, se afanaba en su búsqueda. La silueta de alguien conocido rodeaba una hermosa mata de lentisco y se le dibujaba la figura inconfundible de Juan María. Vaya sorpresa... Los dos habían echado mano del mismo recurso para seguir cazando. Buena parte del acotado pertenecía a una de las explotaciones agrícolas que tenía la multinacional King Ranch. Ambos cazadores se habían conocido al instante, a pesar de la distancia. Juan María también cobró la pieza a la que había disparado. Su perro, aunque tardó un poco en cobrar por la distancia, este había abatido el pájaro a una distancia más que considerable. En el encuentro, y tras el saludo correcto pero algo áspero de los dos correligionarios, el desconcierto era latente en la interlocución. Eufrasio no tuvo que preguntar los motivos de la visita de Juan María. Este le espetó que Federico venía cazando en paralelo a él por la otra corona de monte, por el lado este del altiplano. Los dos se desearon la pertinente suerte teatral para la jornada. Eufrasio sabía que tanto Quico como Juan no tenían amistades ni con la propiedad ni con el ingeniero agrícola que llevaba la explotación; sin embargo, sí tenía conocimiento de las relaciones que Óscar el otro componente de la extinta cuadrilla, por su profesión de veterinario mantenía con los responsables de la explotación agrícola y ganadera. King Ranch había intentado introducir en la península a los Santa Gertrudis. Como era obvio Óscar había estado prestando sus servicios en la finca a los híbridos de las razas cebuinas y Shortorn, pero aquello no prosperó. Se desconoce si fue debido a la climatología o que los consejos del técnico ganadero no fueron los más propicios. El veterinario le había proporcionado el permiso a Federico y Juan María para cazar ese día. Óscar, desviado en su orientación cinegética por ciertos aires con brisas entrelazadas por los cabellos de alguna Venus, fallaba algunas veces en los encuentros venatorios. Las vueltas que da la vida... Eufrasio, al comprobar que Juan María había andado en la dirección que él llevaba, se volvió sobre sus propios pasos, decidió tomar por el lado izquierdo de la corona de pedregal y monte que se contorneaba por el lado oeste de la finca.

Frasi continuó por el filo entre el monte y la tierra calma. Bruma se adentraba entre la maleza sin resultado positivo alguno. Al rato grande de continuar la marcha, dos o tres pájaros se salieron del filo de las piedras y la vegetación arbustiva para dirigirse en dirección a la casa del verdulero, que estaba bajo la cima que pateaba Eufrasio. Este ni siquiera hizo intención de encararse la escopeta. La distancia era demasiado larga para probar fortuna. La hora se echaba encima. Eufrasio miró el sol y dedujo que serían sobre las cuatro de la tarde. Era hora de ir recogiendo. Llegaría hasta el final de la cornisa donde abundaban algunos acebuches. El compañero de Bruma llegó al final, donde el terreno hacía una especie de vaguada limitada por la misma corona pedregosa, pero de unidades graníticas algo más gruesas. Se dispuso a atravesar entre dos de ellas, cuando la perra se puso algo nerviosa al tiempo que se acercaba a sus proximidades. La muestra fue firme. La inmovilidad de Bruma sentenciaba las condiciones de posibilidad de un bonito lance. Frasi se movió lenta y sigilosamente, hasta que saltaron dos perdices con su correspondiente alboroto. Eufrasio juzgó bien las piezas. Primero tiró la de su derecha, que se encaminaba hacia la masa arbustiva de acebuches. El acierto hizo pleno en el animal, que se fue desplomando a pocos metros, pero detrás de las gruesas piedras. El segundo disparo lo efectuó hacia el pájaro de su izquierda, que se orientaba hacia un terreno algo más limpio. El doblete se antojaba de libro. Bruma no había visto la caída de la primera perdiz y de manera apresurada se encaminó a cobrar la que Frasi había abatido en segundo lugar. Cobrada la pieza más lejana, Eufrasio azuzó a su compañera a que buscara detrás de las piedras. El forraje era muy apretado y con una mata de lentisco junto a un acebuche con mucha leña seca en su bajera. La perra, algo cansada por el calor, no daba con el pájaro. Frasi estaba justo en el lugar donde había caído, pero parecía que se lo había tragado la tierra. Todo era muy extraño. El pájaro había descendido en ese mismo lugar, entre el acebuche y la roca. Comenzó Eufrasio a ampliar el radio de búsqueda. Aquello parecía impropio, una pieza abatida con contundencia y relativamente cerca que no daba síntomas de presencia alguna. Frasi desistió de la búsqueda con remordimientos, quizás por haber seguido el instinto de cobrar en primer lugar la más distante, teniendo segura la que estaba a escasos quince metros de su posición.

Cazador y perra atravesaron la zona arbustiva con ciertas dificultades. El avance era lento, unas matas altas de palmito obstaculizaban la andadura. Bruma se quedó inesperadamente de muestra. Eufrasio pensó por unos momentos que sería un conejo, por lo apretado del conjunto de palmas ramificadas. Incitó a la perra para que apretara al animal mimetizado, al mismo tiempo que le daba una patada a la mata y nada salía. La perra seguía con la muestra. Frasi se preparó para un posible lance perdicero. Bruma por fin se movió de su postura e introdujo violentamente el hocico en la mata de palmito, del cual extrajo una perdiz macho. Su viveza aún duró breves instantes. La perra, al intentar realizar el cobro de forma violenta, terminó con la existencia animal. Eufrasio, a pesar de sentirse satisfecho por el cobro, se sentía abrumado por seguir elogiando la duda: ¿era el pájaro cobrado el que había tirado en el doblete? La distancia era considerable, ¿o pudiera pertenecer a otro de sus correligionarios a tiempo parcial de ese susodicho día? La duda hacía nuevamente presa de su persona.

Descendió la ladera que separaba el altiplano coronado por aquella cumbre pedregosa y de monte. Se encaminó hacia la casa del verdulero, donde parecía que ya habían dado por terminada la mano los galgueros. Al llegar Eufrasio junto ellos al patio empedrado del caserío, el de más envergadura de la collera persecutoria de liebres, que era de la misma parroquia que Juan María, de Pescozón del Solano, este le preguntó que si era él el último que había tirado, a lo que contestó que sí. Al parecer Juan María había pasado ya por allí, le había comentado y casi confirmado su vecino de nacimiento, que, por el espacio entre los dos disparos, Eufrasio habría hecho un doblete de pájaros. Eufrasio, de forma modesta, le contestó que con algo de suerte había bajado las dos perdices de ambos disparos, quedando el cobro de estos solo con la seguridad de uno de ellos. Cuando la conversación del lance estaba terminando, aparecieron motorizados Juan María, que conducía su vehículo, acompañado de Federico. Este último no se dignó ni a dirigir la mirada a Eufrasio. Juan María saludó al trío que parlamentaba y con una sonrisa sarcástica, con plagados vestigios de resentimiento, encarriló su vista hacia Frasi y con el leve gesto risueño hizo al mismo tiempo su presentación y la despedida. Eufrasio, curtido en miles de desaires que intentaban aparentar cierta cortesía, pero llenas de rencorosas ideas con principios envidiosos, se dispuso a recoger las velas de la jornada cinegética. Había observado Eufrasio en sus elucubraciones que casi siempre que le sonreían los lances de la tan anhelada cacería, poco a poco se le reducían los compañeros de fatiga, como si no admitieran que nadie de su alrededor ascendiese algún peldaño en la escalada hacia la competencia por una hegemonía cinegética. Eufrasio salió solo hacia la caza y, tras algunos años acompañado de algunos correligionarios cazadores, volvía nuevamente a la soledad del campo con quien tan bien se llevaba. Como según algunas tesis sobre el lenguaje no existe el lenguaje particular, la naturaleza tenía el suyo y Eufrasio no intentaba nunca rebatirlo. Se callaba y, del entendido silencio entre ambos, surgía una fascinante amistad. Eso era suficiente para deambular por la vida con buenas sensaciones existenciales.

La vuelta a casa se le hizo una pesadilla a Eufrasio. Tenía que afrontar la temporada de caza con los inconvenientes de la pandemia. No le dejaban libertad para los desplazamientos, todo eran inconvenientes. Amenazaban los correligionarios del *Leviatán* con sanciones y otras amenazas adyacentes. Eufrasio se negaba a perder una temporada a la que tanto trabajo y esfuerzo le había costado llegar. Toda una vida trabajando y esforzándose para no poder hacer una de las cosas que más le gustaban. No paraba de pensar en qué salida le podía dar a su situación. Parte de los compañeros de caza le habían vuelto la espalda. Una vez más era el proscrito de turno por no callarse ante lo que estimaba injusto. A su edad todas estas injusticias las expresaba tal como las sentía, le daba igual la opinión de los demás.

El acotado se encontraba en el municipio fronterizo de Burón de los Cerros, y como contra el vicio de prohibir puede estar la virtud de buscar ciertos resquicios legales, o interpretaciones de la ley para poder evadir medidas dictatoriales infundadas, así lo hizo Eufrasio. Al día siguiente se levantó, avió los perros y llamó a uno de sus sobrinos del alma, que vivía en una casa arrendada en Burón. Presuroso, cogió la llamada Jesús María, que así se llamaba su protegido religioso. La respuesta de su ahijado fue todo lo afirmativa que pudiera ser una propuesta. Su protegido eclesiástico le proporcionó el contrato de arrendamiento de una de sus habitaciones, pues así lo tenía contemplado en el primigenio contrato con el propietario. Lo que en un principio podía ser el arrendamiento de una de las habitaciones para algún estudiante se convertiría en adelante en un contrato para su tío. Jesús María, que trabajaba en el puerto como gestor administrativo, preparó al instante la documentación, solicitó el empadronamiento en Burón e inscribió el acuerdo textual en el registro de la propiedad para darle un énfasis algo más efectivo ante cualquier duda leviatánica. Su hermana, que ejercía como abogada gracias a su apoyo económico a la familia desde su adolescencia, tampoco dudó en presentar una iniciativa de separación ante el juzgado

correspondiente, al igual que la legal tramitación de su matri-
monio no había tenido repercusión alguna en su compromiso
conyugal, tampoco tendría la mínima trascendencia en su virtual
ruptura. Todo era un constructo humano textualizado. A Eufrasio
no le hacía falta en absoluto la documentación, si de lo que se
trataba era de mantener los lazos inseparables con su compañera.
De igual manera que Eufrasio no asistió a la presentación de su
compromiso expreso ante la curia pertinente, tampoco asistiría
a su eventual ruptura ficticia, la primera vez por el otorgamiento
tácito de su hermana presentando la correspondiente documentación eclesiástica y en el segundo caso la intención de ruptura
fue presentada mediante el *apud dacta* de rigor. Se preguntaba al
respecto Eufrasio: «¿Qué sabrán los documentos e inscripciones,
funcionarios y chancillerías del amor apasionado de las personas?
De todas formas, el desposorio es el único sacramento que no
lo otorga la Iglesia, lo contraen los contrayentes». Se le antojaba
subjetivamente a Eufrasio que toda esta documental era una
verdadera purificación teatral, nuevamente sacralizada por los
representantes leviatánicos para intimidar según los casos a la
ciudadanía o vil canalla de proa. Lo cierto era que la trama del
proceso propuesto y el huerto familiar aseguraban los desplazamientos. Vivía documentalmente en Barón de los Cerros y tenía
que cuidar el huerto y el ganado en Cercenada de los Reyes. La
ley permitía circular en caso de que llegara el requerimiento, en
este caso injusto e inoportuno, todo por supuesto bajo el subjetivismo de nuestro protagonista.

Frasi seguía asistiendo al coto con asiduidad, pero en solitario.
Los supuestos lazos amistosos con sus correligionarios cinegéticos
se habían terminado de romper, teniendo en cuenta que hubiesen

sido verdad suponiendo que algún día los hubo. La soledad del campo le reconfortaba, buscando en cada ocasión experiencias estéticas inolvidables, pero la conciencia de no cumplir con el deber kantiano, un deber que no conlleva ningún acuerdo ni implícito ni explícito, se trata solamente de la exigencia de una actuación conforme a la ley. Se deduce por tanto que estaríamos ante un deber como una necesidad ciudadana; pero lo prioritario del caso es que es la propia persona la que se propone ese deber para con uno mismo, una aspiración ética a la que no todos los cazadores hubiesen tenido la verbigracia de interpretar. Eufrasio sentía en su interior cómo poco a poco todo este cúmulo de circunstancias iba haciendo mella en sus ilusiones. Los desengaños se acrecentaban al igual que se diluían las ensoñaciones cinegéticas. Seguía cazando, disfrutando, eso sí, de los escasos o exiguos lances que se produjeron en lo que quedaba de temporada.

Para Eufrasio todo esto no tenía la menor importancia, al fin y al cabo solo sería cuestión de echarle más arroz al guiso. Pero Eufrasio, en su intencional existencia del *sapere aude*, ese «atrévete a saber», que no todos están dispuestos a dilucidar, en su incesante búsqueda de la verdad, un día que se dio una vuelta inesperada al acotado de Barón de los Cerros observó en uno de los regajos de la finca un *aguaero,* con su correspondiente choza un poco deshecha para camuflar el pecado venatorio. Lo que en un principio pudiera parecer un aguadero o empique para pájaros de pequeño tamaño, tras la inspección minuciosa de Frasi, descubrió plumas de perdices. Esa era la explicación de la merma en las capturas y sobre todo en las guías y muestras de sus perros. Anastasio, que era el guarda del coto, estaba capturando perdices y las guardaba en la nave del cortijo hasta que pasaran los días objeto de captura de patirrojas. De esa forma, en la pretemporada siguiente a los posibles cazadores que subarrendarían la finca, solo unos días antes de la visita de estos pretendientes cinegéticos les soltaban las capturadas con anterioridad, que guardaban en el cobertizo del cortijo que servía de granero. Otras gallináceas caían en las garras especulativas y monetarias de dueños sin escrúpulos de las ventas de carretera, pregonando el arroz con perdiz o con conejo. O cuando se les pregunta a los guardas ante la presencia en sus casas de perdices enjauladas. A la pregunta de: «¿Te gusta el reclamo?», el guarda presuroso acentuaba: «¡No! A mí es que me gusta escucharlas cantar». Pecuniariamente, es lo que se les olvidaba. Recordaba cómo en otras ocasiones otros guardianes cinegéticos, sobre todo en cotos de conejos, enseñaban el acotado repleto de estos lagomorfos, y el día antes de abrir la veda le daban una rehilada a los pretendidos *Oryctolagus cuniculus*. Las brillantes vainas vacías delataban lo ocurrido, o cuando se veía el pisoteo alrededor de las cuevas de poner la red ante el acoso de los hurones. A los ingenuos o susodichos aspirantes nuevos socios, cuando veían la parvada de pájaros o ristra de conejos cerca de los comederos y bebederos, se les aflojaba el bolsillo y nueva temporada garantizada con el correspondiente mercantilismo zanjado. ¿Hay alguien en este perdido mundo más ingenuo que un cazador? Parecía como si todo se hubiese truncado por mor de las circunstancias acaecidas en aquel ilusionante periodo de vedas, sobre todo de las primeras jornadas. La escasez de piezas descubierta de forma deliberada y la pesadumbre de su conciencia consciente le proporcionaban una amarga existencia. Solo le consolaba el simple hecho de salir de caza. Ante un sentimiento vacío nada más que le importaban las vísperas. La desilusión del día de caza se apoderaba de su intelecto como si un remordimiento persistente le aturdiera todo su ser, física y mentalmente. El incorregible Eufrasio iba soltando el lastre ilusionante de sus ensoñaciones y se impregnaba en su interior de los grandes desengaños que la existencia vital le descubría a cada instante de su vida. Le ocurría igual que comentaba en su fecha Juan Vázquez del Río. Las temporadas cinegéticas son como los políticos: cuando entran en el Gobierno saltan multitud de expectativas para la votante plebe y, una vez que se instalan los representantes de los compromisarios en los estamentos gubernamentales, solo se interesan por incrementar el fielato fiscal opaco a los contribuyentes. El ejemplo lo exponía Eufrasio en que cobraban el impuesto en función de los importes de los bienes esenciales de consumo, cuando se debería cobrar por unidad. De esa forma, cuanto más subía cualquier producto, más se incrementaban las arcas del Estado. O cuando con el IPC subyacente, el coro del Filoctetes o la sociedad adoctrinada es sentenciada a la muerte gastronómica, de meros, parrachos y gambas de padrón frescas. Las desilusiones y los desengaños hacen de los ciudadanos su máxima exponencial, los posibles y crédulos votantes, insatisfechos, solo pueden poner sus ojos en las siguientes elecciones. En el caso de Eufrasio, pondría nuevamente todo su empeño e ilusión en la próxima temporada de caza.

# Bibliografía furtiva

ARISTÓTELES: *Ética a Nicómaco*, Editorial Tecnos, Madrid, 2015.

BASANTA, Antonio. *Leer contra la nada*. Ediciones Siruela S.A. Madrid 2021.

BERENGUER, Luis: *El mundo de Juan Lobón*, Espasa-Calpe, S. A., Madrid, 1989.

BUENO MARTÍNEZ, Gustavo: *El animal divino*, Pentalfa Ediciones, Oviedo, 1985.

BUENO MARTÍNEZ, Gustavo: *El mito de la izquierda*, Editorial B, S. A., Barcelona, 2006.

BUENO MARTÍNEZ, Gustavo: *Panfleto contra la democracia realmente existente*, Pentalfa Ediciones, Oviedo, 2020.

BURKE, Edmund: *Reflexiones sobre la Revolución en Francia*, Alianza Editorial, S. A., Madrid, 2016.

CAMPS, Victoria: *Elogio de la duda*, Arpa y Alfil Editores, S. L., Barcelona, 2017.

CHOZAS ARMENTA, Jacinto: *Filosofía de la cultura*, Themata, Sevilla, 2014.

DELIBES SETIÉN, Miguel: *Diario de un cazador*, Ediciones Destino libro, 1987.

DELIBES SETIÉN, Miguel: *La caza de la perdiz roja*, Editorial Lumen, Barcelona, 1975.

EILENBERGER, Wolfram: *Tiempo de Magos*, Penguin Random House Grupo Editorial, Barcelona, 2019.

FERNÁNDEZ TRESGUERRES, Alfonso: *Los dioses olvidados*, prólogo de Gustavo Bueno Martínez, Pentalfa ediciones, Oviedo, 1993.

GALLARDO ROMERO, Antonio; ROMERO RUIZ, Antonio. *La perdiz con reclamo en la España rural y urbana*, Exlibric, Antequera, 2017.

GIVONE, Sergio: *Historia de la estética*, Edit. Tecnos, Madrid, 1990.

HEIDEGGER, Martin: *Ser y tiempo*, Editorial Trotta, S. A., Madrid, 2014.

HERNÁNDEZ-PACHECO SANZ, Javier: *Hipokeímenon*, Ediciones Encuentro, S. A., 2003.

HERNÁNDEZ-PACHECO SANZ, Javier: *La conciencia romántica*, Editorial Tecnos, 1995.

HIDALGO DE TRUCIOS, Sebastián J.: *Caza responsable en el horizonte del siglo XXI*, Universidad de Extremadura, Cáceres, 2020.

HORKHEIMER, Max; ADORNO, Theodor: «*La industria cultural. Iluminismo como mistificación de masas*» en *Dialéctica del iluminismo*, Sudamericana, Buenos Aires, 1988.

KANT, Inmanuel: *Crítica del juicio*, Espasa Calpe, S. A., Madrid, 1991.

ORTEGA Y GASSET, José. *La deshumanización del arte*, Espasa Calpe, S. A., Madrid, 1987.

ORTEGA Y GASSET, José: *Sobre la caza los toros y el toreo*, Alianza editorial, Madrid, 1960.

ORTEGA Y GASSET, José: *Unas lecciones de metafísica*, Alianza Editorial, S. A., Madrid, 2013.

PAINE, Thomas: *Derechos del hombre*, Alianza Editorial, S. A., Madrid, 2008.

PETTIT, Philip: *Republicanismo*, Editorial Planeta, S. A., Barcelona, 2021.

PLATÓN: *Parménides*, 130 b.

*Revista de estudios orteguianos*. Fundación Ortega y Gasset, 2004. Pág. 261. María Zambrano. José Ortega y Gasset en la memoria.

RODIS-LEWIS, Geneviève: *Biografía de Descartes*, Ediciones Península, S. A., Barcelona, 1996.

ROUSSEAU, Jean-Jacques: *Discurso sobre el origen de la desigualdad entre los hombres*, Alianza Editorial, S. A., Madrid, 2021.

ROUSSEAU, Jean-Jacques: *Las ensoñaciones del paseante solitario*, Alianza Editorial, S. A., Madrid, 2022.

SEVILLA FERNÁNDEZ, José M.: *Ortega y el pensamiento sureño. Acerca del norte y del sur de la filosofía*, Biblioteca Nueva, Madrid, 2016, pág. 165.

SEVILLA FERNÁNDEZ, José M.: *Pensamiento hispánico*, Curso de ideas y esquemas de las lecciones de clase. pág. 17. Material didáctico introductorio a las áreas de conocimiento de la filosofía.

SEVILLA FERNÁNDEZ, José M.: *Tropezar con el otro. Problematología orteguiana del cuerpo y de lo social*. Edit. Anthropos, Barcelona, 2011.

SÓFOCLES. *Filoctetes*
https://biblioteca.org.ar/libros/8201.pdf, 3/5/2017.

VÁZQUEZ DEL RÍO, Juan: *Memorias de un reclamo*, Edit. La Moderna, Larache, Marruecos, 1932.

VOLTAIRE: *El hombre de los cuarenta escudos*, Editorial diario El Sol, Biblioteca de El Sol, 1991.

# Páginas web furtiveadas

https://es.wikipedia.org/wiki/Flavio_Arriano
file:///C:/Users/usuario/Downloads/Anabasis_Alejandro.pdf
https://es.wikipedia.org/wiki/Hugo_Obermaier
https://es.wikipedia.org/wiki/Othenio_Abel
https://es.wikipedia.org/wiki/Museo_Departamental_de_
la_Prehistoria_de_Solutre

http://www.elmundo.es/elmundo/2010/01/03/ciencia/1262539844.html

https://es.wikipedia.org/wiki/Archivo:Peter_Paul_Rubens_-_Venus_and_Adonis.jpg 02-11-2020.

https://www.google.com/search?client=firefox-b-d&q=El+mito+de+adonis 2-11-2020

https://www.cromacultura.com/venus-y-adonis/ 02-11-2020

https://revistas.comillas.edu/index.php/pensamiento/article/view/7667. 2-11-2020

https://www.google.com/search?client=firefox-b-d&q=winkelman. 2-11-2020

# Índice